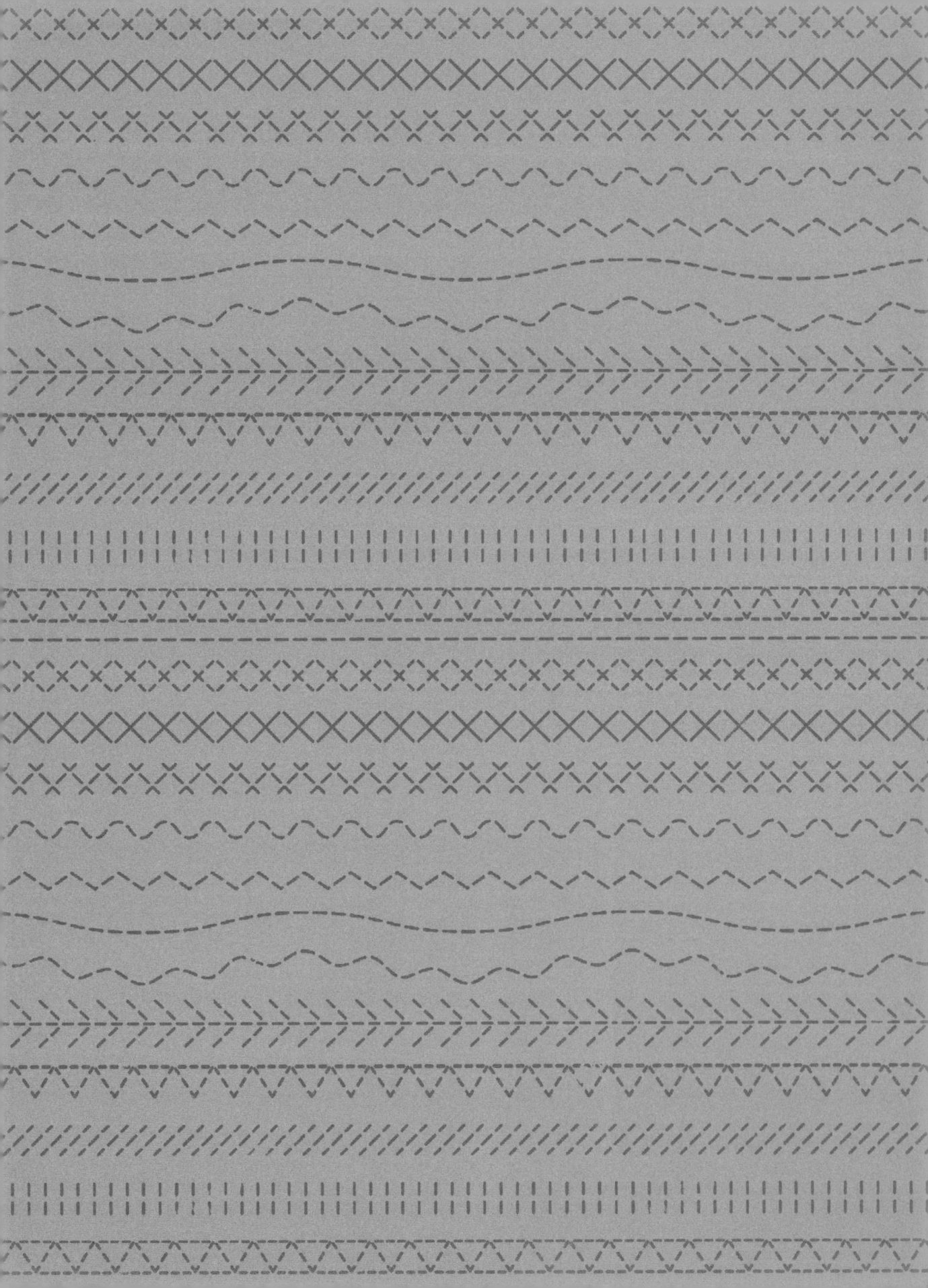

헬로해피의 포근한 프랑스 자수

헬로해피의 포근한 프랑스 자수
: 입체 자수로 완성하는 사계절 감성 소품

초판 발행 2019년 6월 1일

지은이 김민아(헬로해피) / **펴낸이** 김태헌

총괄 임규근 / **책임편집** 권형숙 / **기획·편집** 김지수 / **교정교열** 박성숙
디자인 별을 잡는 그물 / **도안** 김민아 / **사진** 김민아(본문), 김연미(표지, 본문) / **장소 제공** 스튜디오하루
영업 문윤식, 조유미 / **마케팅** 박상용, 조승모, 박수미 / **제작** 박성우, 김정우

펴낸곳 한빛라이프 / **주소** 서울시 서대문구 연희로2길 62
전화 02-336-7129 / **팩스** 02-325-6300
등록 2013년 11월 14일 제25100-2017-000059호 / **ISBN** 979-11-88007-28-8 13630

한빛라이프는 한빛미디어(주)의 실용 브랜드로 우리의 일상을 환히 비추는 책을 펴냅니다.

이 책에 대한 의견이나 오탈자 및 잘못된 내용에 대한 수정 정보는 한빛미디어(주)의 홈페이지나 아래 이메일로
알려주십시오. 잘못된 책은 구입하신 서점에서 교환해 드립니다. 책값은 뒤표지에 표시되어 있습니다.
한빛미디어 홈페이지 www.hanbit.co.kr / 이메일 ask_life@hanbit.co.kr
한빛라이프 페이스북 @hanbit.pub / 인스타그램 @hanbit.pub

Published by HANBIT Media, Inc. Printed in Korea
Copyright © 2019 김민아 & HANBIT Media, Inc.
이 책의 저작권은 김민아와 한빛미디어(주)에 있습니다.
저작권법에 의해 보호를 받는 저작물이므로 무단 복제 및 무단 전재를 금합니다.

지금 하지 않으면 할 수 없는 일이 있습니다.
책으로 펴내고 싶은 아이디어나 원고를 메일(writer@hanbit.co.kr)로 보내주세요.
한빛라이프는 여러분의 소중한 경험과 지식을 기다리고 있습니다.

헬로해피의 포근한 프랑스 자수

입체 자수로 완성하는 사계절 감성 소품

김민아 지음

Prologue
·
·

바쁘게만 흘러가던 일상이 자수를 만나면서 조금씩 변하기 시작했습니다. 천천히 수를 놓으며 조급한 마음을 차분하게 내려놓았고, 작품을 완성해가는 과정에서 인내심이 생겼습니다. 바람, 햇살, 계절의 변화를 부드럽게 바라보며 조용히 집중해야만 느끼고 들을 수 있는 것들의 소중함도 깨달았습니다. 자수를 통해서 느리지만 게으르지 않게 소소한 행복에 집중하며 살아가는 방법을 배워가고 있습니다.

이 책은 그런 일상에서 즐겁게 다가온 이야기와 생각을 그려낸 자수 작품들을 소개합니다. 그리고 그 자수를 담아 가까이 두고 보거나 쓸 수 있는 소품도 만들어보았습니다. 기초 스티치는 물론 입체 스티치, 반짝이는 비즈와 스팽글 등 다양한 자수의 표현법과 재료를 경험하고 즐길 수 있도록 했고, 심플하면서 포근한 감성을 담아보려 했습니다.

좋은 마음으로 수를 놓으면 작품도 곱게 완성됩니다. 마음의 여유를 가지고 손끝에서 무궁무진하게 표현되는 자수의 매력을 느껴보세요. 이 책을 보는 모든 분의 일상에 자수의 포근함이 함께하기를 바랍니다.

김민아

Contents

머리말 • 5

Small Things.
나를 위한 작은 힐링의 시간

작은 꽃 • 12
_손수건, 튤립 응용 도안과 앞치마에 수놓기

아기 양 • 20
_턱받이, 액자

푸들 • 25
_파우치와 에코 백

알로하 • 32
_에코 백

여름 물건 • 38
_브로치 또는 자석

가을버섯과 도토리 • 50
_책갈피

곰 아저씨 • 56
_에코 백

눈사람 • 60
_액자

크리스마스 오너먼트 • 64
_오너먼트

쉽고 재미난 입체 자수 • 70
_양말에 수놓기, 니트에 수놓기

Special.
온전히 집중하는 시간

주템므 • 76
_카드

비즈 코스터 • 82
_코스터

여름 • 92
_액자

딸기 • 98
_주방 수건

해피 홀리데이 • 104
_주머니, 산타 브로치 또는 자석

호두까기 인형 • 112
_액자

스프링 블룸 · 118
_액자

숲 속의 토끼 · 124
_액자

Basic.
자수의 기초

1. 재료와 도구 · 136
2. 자수 준비하기 · 140
3. 자수 마무리하기 · 144
4. 이 책에서 사용한 스티치

_스트레이트 스티치 · 146
_러닝 스티치(다닝 스티치) · 146
_백 스티치 · 147
_아웃라인 스티치 · 148
_크로스 스티치 · 150
_체인 스티치 · 151
_휘프트 체인 스티치 · 152
_프렌치 노트 스티치 · 153
_레이지 데이지 스티치 · 154
_레이지 데이지 & 스트레이트 스티치 · 155
_플라이 스티치 · 156
_버튼홀 스티치 · 157
_피시본 스티치 · 158
_새틴 스티치 · 160

_패디드 새틴 스티치 · 161
_이 책에서 잎을 표현하는 방법 · 162
_롱 앤드 쇼트 스티치 · 163
_프리 스티치 · 166
_카우칭 스티치 · 167
_케이블 스티치 · 168
_블리온 스티치 · 170
_블리온 로즈 스티치 · 172
_캐스트온 스티치 · 174
_캐스트온 로즈 스티치 · 176
_스미르나 스티치 · 178
_루프드 블랭킷 스티치 · 180
_카우치트 트렐리스 스티치 · 181
_스파이더 웹 로즈 스티치 · 182
_스파이더 웹 스티치 · 184
_스템 스티치 로즈 · 185
_드리즐 스티치 · 187
_바스켓 스티치 · 188
_우븐 피코 스티치 · 190
_실론 스티치 · 192
_디태치드 버튼홀 스티치 · 194
_코디드 디태치드 버튼홀 스티치 · 196
_래핑 비즈 스티치 · 201
_비디드 백 스티치 · 202
_자수의 매듭 처리법 · 204

Small Things:

나를 위한 작은 힐링의 시간

비교적 쉽게 완성할 수 있으면서도 입체 자수의 매력을 가득 담고 있는 작은 작품들을 모았습니다.
볼 때마다 기분이 좋아지는, 일상의 귀여운 포인트를 만들어보세요.

Flowers 작은 꽃

12   Small Things.

따스한 봄바람이 살랑 불기 시작하면, 창가 사이로 오가는 바람결을 따라 꽃을 수놓고 싶어집니다. 고운 원단에 꽃을 수놓아 감사한 분들에게 마음을 전합니다.

Flowers

작은 꽃 도안

〔실〕
애플톤 울사 144, 944, 472, 991B, 622, 445 / DMC 25번사 646, 3688, 501, 5200, 351, 597, 606, 160

〔스티치〕
패디드 새틴 스티치, 롱 앤드 쇼트 스티치, 새틴 스티치, 버튼홀 스티치, 프렌치 노트 스티치, 백 스티치, 체인 스티치, 프리 스티치

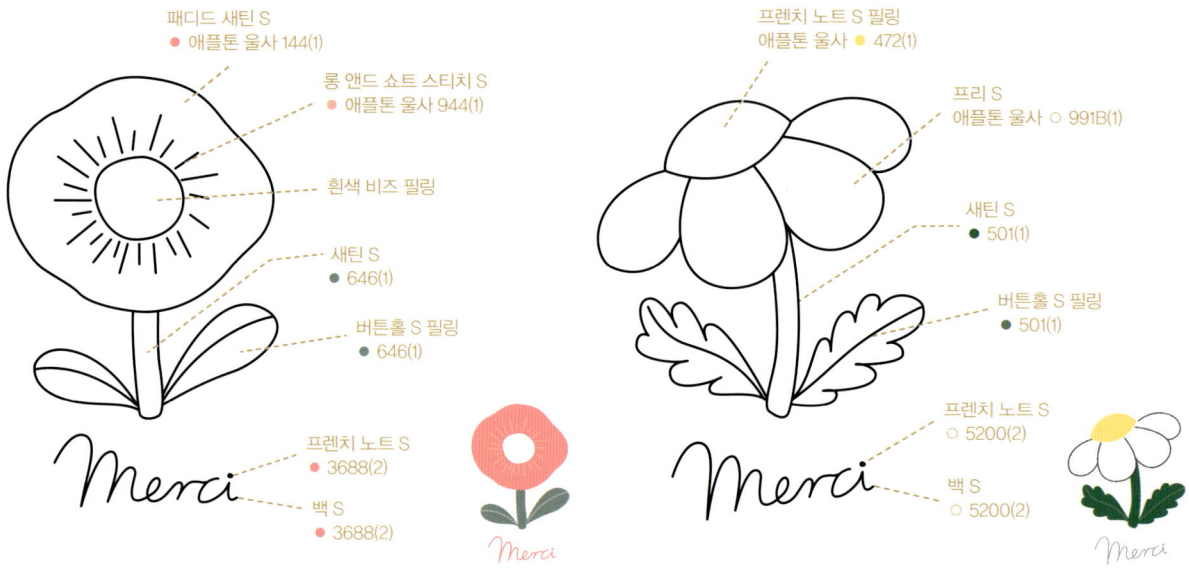

{ Detail Check }

손수건과 같이 앞뒤가 모두 보이는 자수는 뒷면도 깔끔하게 마무리한다.

※매듭 처리법 참고: 204쪽

   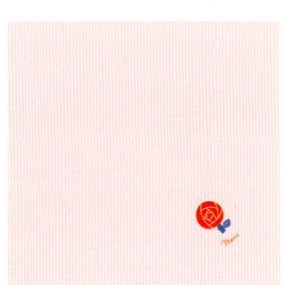

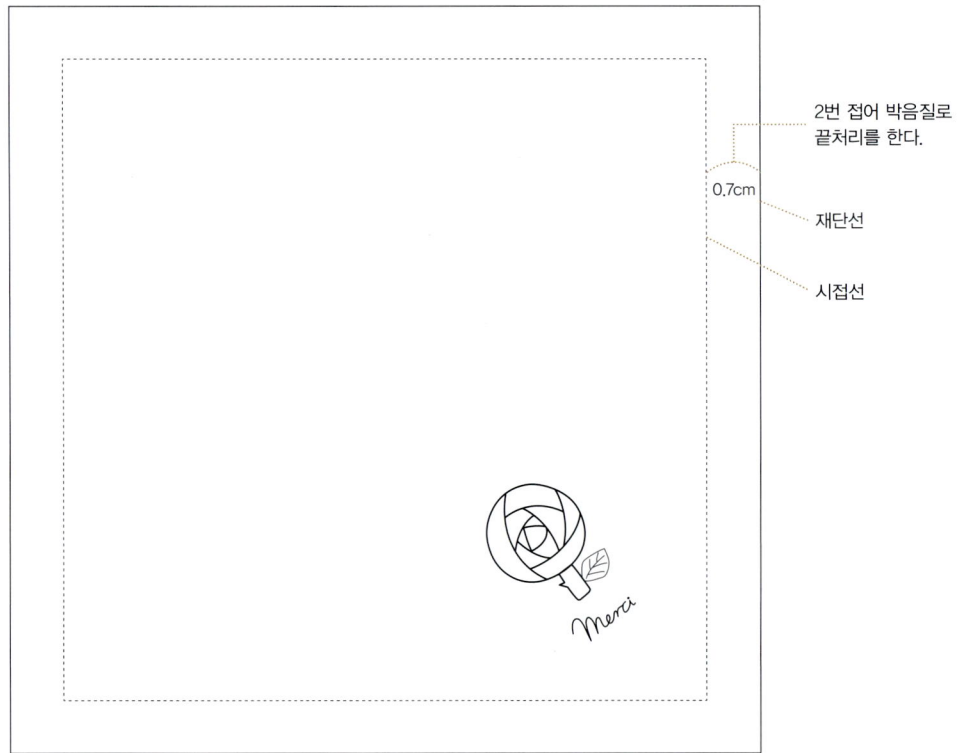

{ 손수건 만들기 }

완성 크기 : 36×36cm

준비물 : 리넨(흰색, 하늘색, 분홍색, 내추럴)

심플한 손수건에 바로 수를 놓아도 좋고, 원하는 색상의 리넨으로 손수건을 만들어도 좋습니다.

1_ 손수건으로 사용하기 좋은 원단을 작품 크기대로 잘라 사방을 2번씩 접어 박음질로 마감한다.
2_ 적당한 위치에 도안을 옮긴다.
3_ 수를 완성한 다음 도안 자국을 잘 지우고, 다림질해서 마무리한다.

통통한 튤립 꽃잎이 너무도 예뻐 앞치마에도 담아봤습니다.
꽃 자수는 어디에서나 그 매력을 뽐냅니다. 화사한 튤립 자수가 주방에 활력을 불어넣네요.

Tulips

튤립 응용 도안

〔실〕
애플톤 울사 445, 622 / DMC 25번사 597, 3824, 351

〔스티치〕
체인 스티치, 레이지 데이지 스티치, 프렌치 노트 스티치, 백 스티치, 패디드 새틴 스티치

※앞치마의 크기에 따라 도안 크기를 적당히 조정한다.

{ 튤립 수놓는 법 }

준비물: 무늬 없는 리넨 앞치마

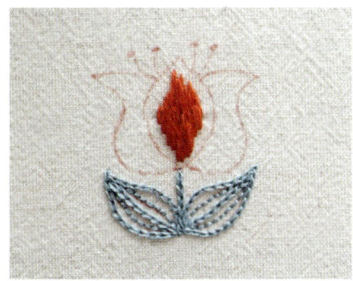

1_ 앞치마의 적당한 위치에 도안을 옮기고 수를 완성한다. 튤립은 꽃잎 부분을 통통하게 수놓으면 더 예쁘게 표현된다. 패디드 새틴 스티치로 꼼꼼하게 채운다.

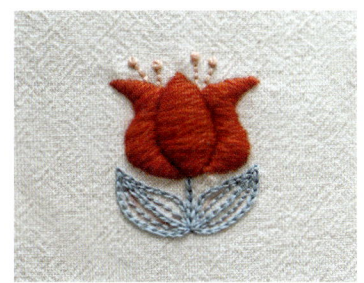

2_ 튤립이 완성된 모습.

{ Detail Check }

비즈와 스팽글은 사진과 같이 중심에 잘 달아준다.

Sheep
아기 양

리본을 수줍게 두른 귀여운 아기 양을 수놓아 곧 태어날 아기를 위한 출산 선물로 준비했습니다. 아기 옷이나 턱받이에 수를 놓거나 아기 방 액자로 만들어도 잘 어울립니다.

Sheep

아기 양 도안

〔실〕
DMC 태피스트리 울사 ECRU / 애플톤 울사 873 / DMC 25번사 3801(또는 826), 535

〔스티치〕
아웃라인 스티치, 프렌치 노트 스티치, 루프트 블랭킷 스티치, 새틴 스티치, 백 스티치, 스미르나 스티치

아웃라인 S의 시작 순서
※글자는 펜으로 쓸 때와 같은 순서와 방향으로 수놓는다.

몸통 부분은 스미르나 S로 밖에서 안으로 채워 풍성한 털을 표현한다.

글씨
아웃라인 S
● 3801(6) 또는 ● 826(6)

i 의 점: 프렌치 노트 S
● 3801(6) 또는 ● 826(6)

양 얼굴
머리털
루프트 블랭킷 S
○ 애플톤 울사 873(1)
눈
새틴 S ● 535(1)
얼굴 라인
백 S ● 535(2)
코
새틴 S ● 535(1)
입
백 S ● 535(1)

리본
몸통 털 위에 스트레이트 S로 수를 한 줄 놓은 후 리본을 만들어 그 위에 부착한다.
● 3801(5~6) 또는 ● 826(5~6)

몸통
스미르나 S
● DMC 울사 ECRU(1)

다리
백 S
● 645(2)

꼬리
루프트 블랭킷 S
○ 애플톤 울사 873(1)

발
새틴 S
● 645(1)

{ 액자 만드는 법 }

준비물 : 리넨(흰색), 캔버스(20×20cm), 핸드 태커 또는 압정

1_ 원단을 물에 담가 청화펜 도안 자국을 지우고 그늘에 눕혀 말린다. 약간 덜 마른 상태에서 다리미로 원단 부분을 잘 다려 정리한다.

2_ 캔버스에 감싼 다음 태커나 압정으로 고정한다.(63쪽 참고)

{ Detail Check }

신축성 있는 원단은 사진과 같이 '수용성 자수 심지'에 도안을 그려 정확한 위치에 고정한 후 수를 놓으면 편리하다. 완성 후에는 물에 담가 심지를 제거한다.

Poodle 푸들

포근한 울사로 복슬복슬한 푸들을 수놓았습니다. 울사는 입체 자수를 더 돋보이게 하는 매력적인 실입니다.

Poodle

푸들 도안

〔실〕

DMC 태피스트리 울사 ECRU, 7518, 7558 / DMC 25번사 535, 3865, 841, 318

〔스티치〕

스미르나 스티치, 새틴 스티치, 프렌치 노트 스티치, 백 스티치, 아웃라인 스티치, 루프트 블랭킷 스티치

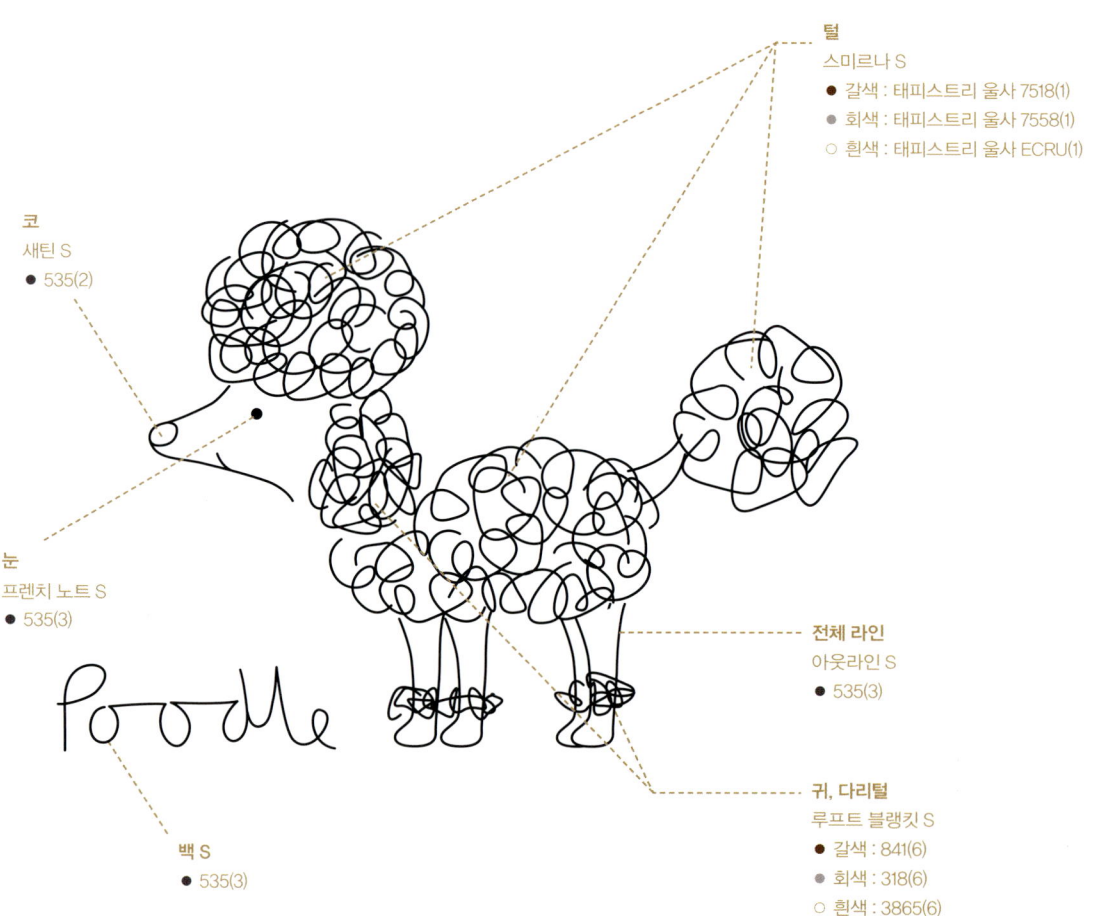

털
스미르나 S
- 갈색 : 태피스트리 울사 7518(1)
- 회색 : 태피스트리 울사 7558(1)
- 흰색 : 태피스트리 울사 ECRU(1)

코
새틴 S
- 535(2)

눈
프렌치 노트 S
- 535(3)

백 S
- 535(3)

전체 라인
아웃라인 S
- 535(3)

귀, 다리털
루프트 블랭킷 S
- 갈색 : 841(6)
- 회색 : 318(6)
- 흰색 : 3865(6)

Small Things.

{ 푸들 수놓는 법 }

*1*_ 납작한 수를 먼저 놓는다.

*2*_ 가는 실로 귀와 다리 부분의 수를 놓는다.

*3*_ 울사를 이용해 머리, 몸통, 꼬리 부분을 각각 바깥쪽에서 안쪽으로 스미르나 스티치로 채우며 완성한다.

푸들 색을 달리하고 위치를 바꿔가며 에코 백에도 수놓았습니다. 가지고 있는 소품에 다양하게 활용해보세요.

{ 파우치 만드는 법 }

완성 크기 : 15×12cm

준비물 : 면(분홍색, 흰색) 1장씩(17×26cm), 지퍼(17cm)

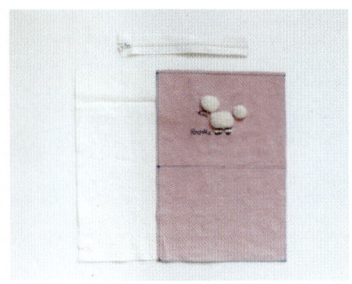

1_ 분홍색 원단에 수를 완성한다.

2_ 수를 놓은 면과 지퍼의 앞면을 사진처럼 상단에 맞닿게 놓고, 그 위에 흰색 원단을 올린다.

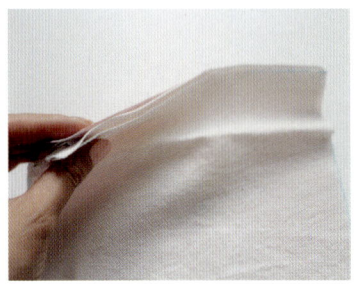

3_ 분홍색 원단, 지퍼, 흰색 원단을 가지런히 맞춰 잡는다.

4_ ③에서 겹친 부분의 상단을 박음질한다.

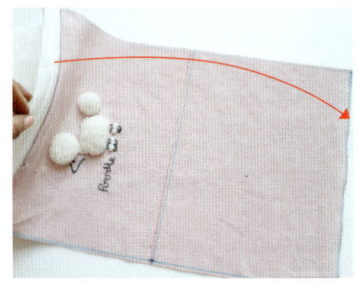

5_ 사진과 같이 지퍼를 잡고 분홍색 원단을 접어 박음질하지 않은 쪽의 지퍼와 원단이 만나게 한다.

6_ 분홍색 원단을 접은 모양.

7_ 흰색 원단도 사진과 같이 접어 분홍색 원단, 지퍼, 흰색 원단의 끝부분을 가지런히 맞춘다.

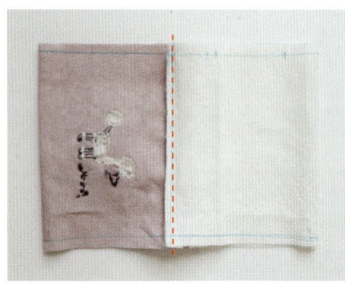

8_ ⑦에서 겹친 부분의 상단을 박음질한다.

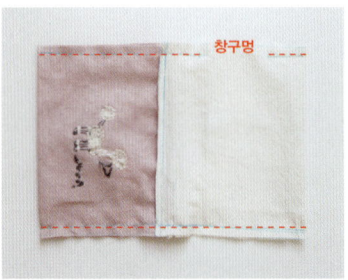

9_ 지퍼가 달린 원단을 펼쳐 창구멍만 남기고 옆선을 박음질한다.

10_ 사진과 같이 원단의 앞뒤 모서리마다 사방 2cm 크기의 정사각형을 그린다.

11_ 사진과 같이 모서리를 세모로 접고 보이는 선을 따라 박음질한다.

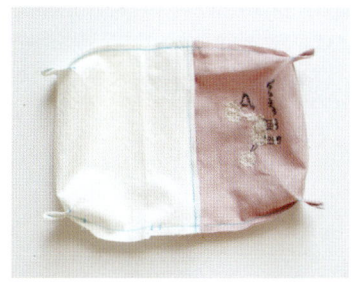

12_ 모든 모서리를 같은 방법으로 박음질해 바닥면을 만든다.

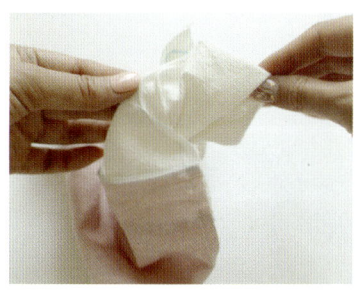

13_ 창구멍으로 안과 밖을 뒤집는다.

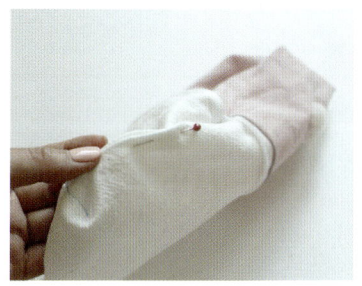

14_ 창구멍의 앞뒤 원단을 가지런히 맞춰 시침핀으로 고정해놓고 공그르기로 구멍을 막는다.

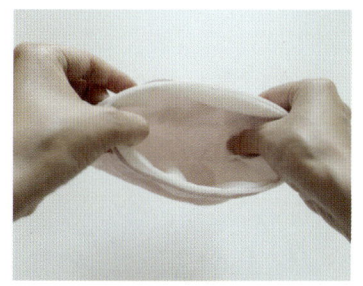

15_ 완성된 파우치의 안감 원단(흰색)을 안쪽으로 밀어 넣어 정리한다.

16_ 완성된 모양.

Aloha

알로하

Small Things.

설레는 인사말, "알로하!"
여행지에서의 즐거운 시간을 추억하며 밀짚모자와 파인애플을 수놓았습니다.

Aloha

알로하 도안

〔실〕
DMC 25번사 823, 799, 금사, 841, 3864
(다른 배색: 319, E990, E168, 3864, 738, 3865)

〔스티치〕
체인 스티치, 코디드 디태치드 버튼홀 스티치, 스미르나 스티치, 스파이더 웹 스티치, 카우칭 스티치, 프리 스티치, 백 스티치, 카우치트 트렐리스 스티치

〔부자재〕
방울 솜

파인애플
아래 번호 순서대로 수를 놓는다.

	blue	연두(형광)
1. 몸통	프리 S ● 금사(3)	● E168(2)
2. 몸통 테두리	백 S ● 금사(3)	● E168(2)
3. 사선 무늬	카우치트 트렐리스 S ● 799(2)	● E990(2)
4. 꼭지	스미르나 S ● 799(6)	● E990(6)

aloha
아래 번호 순서대로 수를 놓는다.
글씨는 펜으로 쓸 때와 같은 방향으로 수를 놓는다.

	blue	연두(형광)
1.	체인 S ● 799(4)	● E990(4)
2.	체인 S ● 823(2)	● 319(2)
3.	체인 S ● 금사	● E168(2)

모자
아래 번호 순서대로 수를 놓는다.

	blue	연두(형광)
1. 모자 중심	코디드 디태치드 버튼홀 S (둥근형) ● 841(3)+● 3864(3)=6줄 솜을 넣어 입체감을 살린다.	● 3864(3)+● 738(3)=6
2. 모자 테두리 장식	스미르나 S ● 841(1)+● 3864(1)	● 3864(1)+● 738(1)=2
3. 챙	스파이더 웹 S ● 841(2)+● 3864(2)	● 3864(2)+● 738(2)=4
4. 챙과 중심 사이	체인 S ● 799(4)	○ 3865(4)
5. 파란색 실 12줄로 리본을 만들어 적당한 위치에 카우칭 스티치로 붙인다.		

Small Things.

{ 밀짚모자 수놓는 법 }

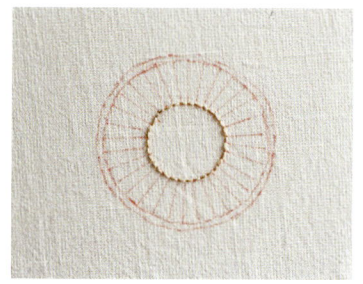

1_ 모자의 중심 테두리를 백 스티치로 수놓으며 코디드 디태치드 버튼홀 스티치의 기초 작업을 한다.

2_ 원형 코디드 디태치드 버튼홀 스티치를 위에서부터 수놓으며 모자의 머리 부분을 완성한다.

3_ 모자의 머리 부분을 막기 전에 솜(충전물)을 넣어 볼록한 입체감을 살린다.

4_ ③의 솜이 충분히 채워지면 코디드 디태치드 버튼홀 마지막 단계로 막는다.

5_ 챙의 테두리를 스미르나 스티치로 수놓는다.

6_ 스트레이트 스티치로 챙의 살을 수놓는다.

7_ 살의 안쪽부터 스파이더 웹 스티치로 위아래를 번갈아가며 채운다.

8_ 스미르나 스티치의 끝부분을 가위로 자른 후 털의 길이를 정리한다.

9_ 모자가 완성된 모양.

*10*_ 챙의 안쪽에 체인 스티치로 모자의 끈을 만든다.

*11*_ 리본 테이프나 자수실로 리본을 만든 뒤 실로 묶어 적당한 위치에 붙인다.

{ 글자와 파인애플 수놓는 법 }

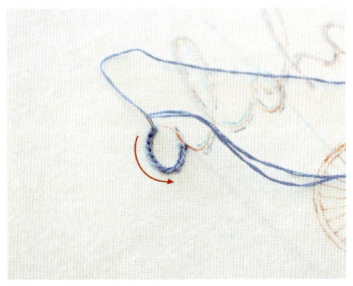

*1*_ 글씨를 수놓을 때는 손으로 글씨를 쓰는 방향으로 체인 스티치를 한다.

*2*_ 글씨의 메인 색상을 완성한 다음 검은색으로 그림자를, 금사로 반짝이는 선을 표현한다.

*3*_ 파인애플은 금사를 사용해 프리 스티치로 몸통을 먼저 완성한다.

*4*_ 카우치트 트렐리스 스티치로 파인애플의 사선 무늬를, 스미르나 스티치로 잎을 수놓는다.

{ 에코 백에 수놓는 법 }

준비물 : 흰색 에코 백(40×37cm)

무늬 없는 에코 백에 적당한 위치를 잡아 도안대로 수를 완성한다.

Summer Stuff

여름 물건

더운 여름에는 시원한 느낌이 드는 작고 귀여운 수를 놓아보세요. 일상에서 마주할 때마다 기분 좋은 미소를 짓게 됩니다.

Summer Stuff   여름 물건 도안

※도안에 있는 번호 순서대로 수를 놓는다.

라탄 슬리퍼
〔실〕
DMC 25번사 437, 436, 3864, 3862

〔스티치〕
바스켓 스티치, 코디드 디태치드 버튼홀 스티치, 백 스티치

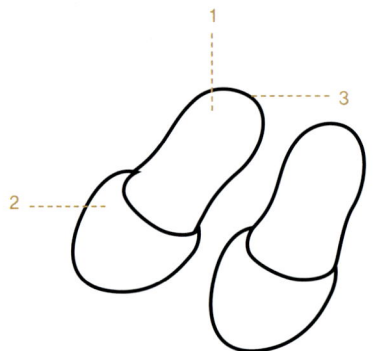

1. 바닥
   바스켓 S
   가로줄 ● 437(3)
   세로줄 ● 436(3)+● 3864(3)

2. 발등 부분
   코디드 디태치드 버튼홀 S
   ● 436(2)+● 3864(2)

3. 테두리
   백 S
   ● 3862(2)

밀짚모자

〔실〕
DMC 25번사 738, 437, 3865

〔스티치〕
코디드 디태치드 버튼홀 스티치, 스미르나 스티치, 스파이더 웹 스티치, 체인 스티치

〔부자재〕
리본(흰색), 방울 솜

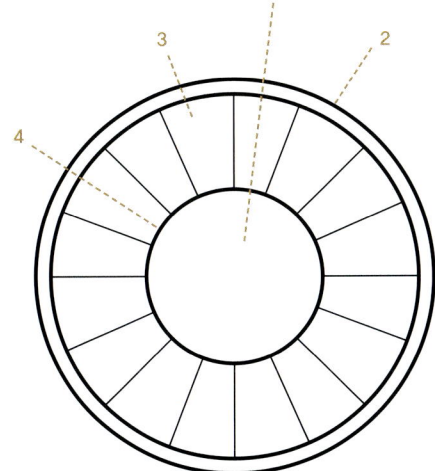

1. 모자 중심
   코디드 디태치드 버튼홀 S (둥근형)
   ● 738(2)+● 437(4)
   솜을 넣어 입체감을 살린다.

2. 모자 테두리 장식
   스미르나 S
   ● 738(1)+● 437(1)

3. 챙
   스파이더 웹 S
   ● 738(3)+● 437(3)

4. 챙과 중심 사이
   체인 S
   ○ 3865(3)

5. 흰색 리본으로 리본을 만들어 붙인다.

※ 모자 수놓는 법은 35쪽 참고.

Summer Stuff

여름 물건 도안

사과 바구니

〔실〕

DMC 25번사 977, 437, 738, 3862, 739, 434, 3863, 907, 3865, 3864

〔스티치〕

백 스티치, 코디드 디태치드 버튼홀 스티치, 래핑 비즈 스티치, 체인 스티치, 프리 스티치

〔부자재〕

비즈(꼭지용)

1. 바게트
   프리 S ● 977(2)+● 437(1)
   무늬 ● 739(3), 명암 ● 434(1)

2. 바구니
   백 S ○ 3865(2)
   코디드 디태치드 버튼홀 S 흰색 ○ 3865(6)
   갈색 ● 3864(3)+● 3863(3)

3. 바구니 끈
   체인 S
   ● 3864(2)+● 3863(2)

4. 사과
   래핑 비즈 S
   ● 907(2)

5. 사과 꼭지
   긴 비즈로 표현한다.

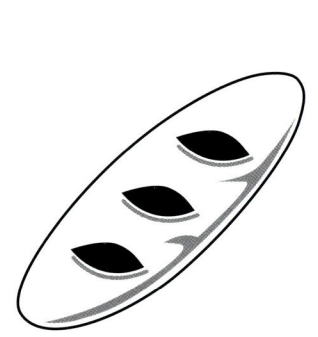

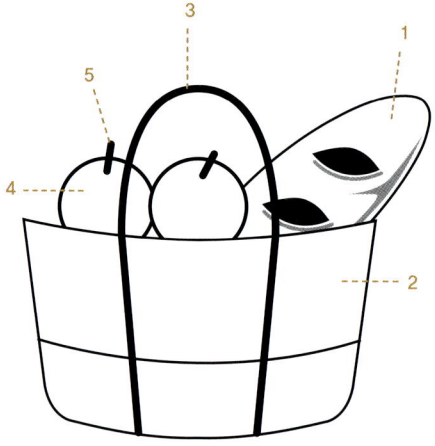

Small Things.

옥수수 바구니

〔실〕

DMC 25번사 3863, 3864, 3801, 832, 727, 725, 746, 907, 472

〔스티치〕

바스켓 스티치, 디태치드 버튼홀 스티치, 백 스티치, 스미르나 스티치, 프렌치 노트 스티치, 새틴 스티치

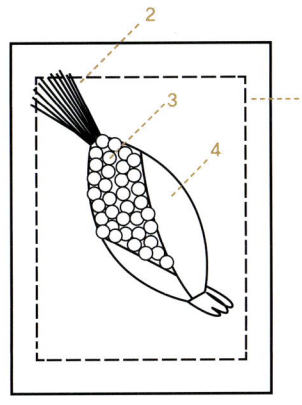

옥수수 & 주방 수건

옥수수, 주방 수건

1. 주방 수건 테두리
   백 S
   ● 3801(2)

2. 옥수수수염
   스미르나 S
   ● 832(2)

3. 옥수수알
   프렌치 노트 S
   ● 727(2)+● 725(2)+● 746(2)

4. 옥수수 껍질, 줄기
   새틴 S
   ● 907(2)+● 472(1)

바구니

1. 바닥(가운데)
   바스켓 S
   가로줄: ● 3864(2)+● 3863(2)=4
   세로줄: ● 3864(3)+● 3863(3)=6

2. 바닥(좌, 우)
   바스켓 S
   ● 3864(3)+● 3863(3)
   〈46쪽 사진 참고〉

3. 테두리
   디태치드 버튼홀 S로
   0.5cm 정도의 높이로 만든다.
   ● 3864(3)+● 3863(3)

4. 손잡이
   블리온 S
   ● 3864(3)+● 3863(3)

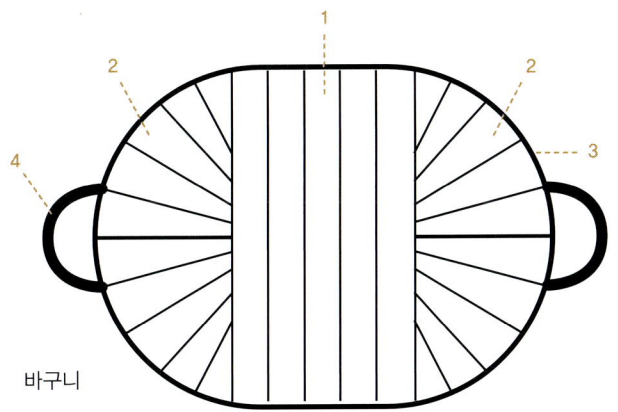

바구니

{ 라탄 슬리퍼 수놓는 법 }

1_ 슬리퍼 바닥면을 바스켓 스티치로 채운다.

2_ 바닥면 테두리가 깔끔해 보이도록 백 스티치로 마무리한다.

3_ 발등을 덮는 부분의 테두리에 백 스티치로 코를 만들고, 코디드 디태치드 버튼홀 스티치로 입체감을 살리며 발등 부분을 만든다.

4_ 완성된 모양. 슬리퍼처럼 입체감이 살면 더욱 재미있게 표현된다.

5_ 완성된 모양

{ 사과 바구니 수놓는 법 } - 바게트

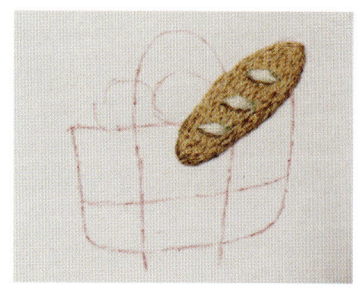

1_ 프리 스티치로 바게트를 수놓는다. 도안과 같이 바게트의 명암도 살린다.

{ 사과 바구니 수놓는 법 } - 바구니

1_ 윗면을 제외한 바구니 테두리에 백 스티치로 코를 만들고, 바닥에서 위쪽으로 코디드 디태치드 버튼홀 스티치로 입체감을 살리며 채운다.

2_ 바구니의 기본 모양 완성.

3_ 바구니 위에 체인 스티치로 끈을 수놓기 시작한다.

4_ 바구니 끝에 도착하면 체인 스티치방법으로 계속 실을 걸어가며 연결해 손잡이 길이만큼 만든다.
TIP. 손뜨개의 사슬뜨기와 비슷하다.

5_ 손잡이를 반대쪽 끈의 위치까지 연결해 나머지 끈을 완성한다.

{ 사과 바구니 수놓는 법 } - 사과

1_ 래핑 비즈 스티치로 완성한 사과를 바구니 안쪽에 붙인 다음, 긴 비즈를 실에 끼워서 연결해 사과 꼭지를 표현한다.

2_ 완성된 모양.
TIP. 끈에 작은 태슬 장식을 달아 포인트를 줘도 재미있게 표현된다.

{ 옥수수 바구니 수놓는 법 } - 옥수수

1_ 수건 테두리, 옥수수수염, 옥수수 알, 옥수수 껍질 순서로 수를 놓는다.

2_ 자수가 완성되면 수건 크기에 맞춰 가위로 자르고 테두리의 올을 자연스럽게 적당히 풀어준다.

{ 옥수수 바구니 수놓는 법 } - 바구니

1_ 바구니 바닥 중심의 사각형을 먼저 바스켓 스티치로 채운다.

2_ 중심이 완성되면 반원 모양의 한쪽 면을 사진처럼 중심부터 채운다.

3_ 동그랗게 바스켓 스티치로 완성한다.

4_ 반대쪽도 바스켓 스티치로 채운다.

5_ 테두리를 체인 스티치로 둘러 코를 만든다.

6_ ⑤에서 만든 코에 디태치드 버튼홀 스티치를 연결해 원하는 높이만큼 올려 바구니 옆면을 만든다.

7_ 바구니 옆면이 완성된 모양.

8_ 바구니 양끝 손잡이를 달 위치에서 조심스럽게 바늘을 뺀다.

9_ 블리온 스티치를 손잡이 길이만큼 만든다.

10_ 블리온 스티치 한쪽 끝을 테두리에 붙일 때, 바구니의 테두리를 잘 타고 내려가며 붙인다.

11_ 바구니 손잡이가 완성된 모양.

12_ 완성된 바구니에 만들어둔 옥수수를 올리고 고정한다.

{ 자석 장식 또는 브로치 만드는 법 }

준비물 : 접착제, 펠트지(흰색), 자석 또는 브로치 핀

*1_* 완성된 자수의 크기보다 1cm 정도 여분을 두고 원단을 자른다.

*2_* 여분의 원단을 잘 접어 넣을 수 있도록 사진과 같이 가위집을 꼼꼼하게 넣는다.

*3_* 원단 뒷면에 접착제를 바르고 원단을 안쪽으로 감싸며 붙인다.

*4_* 모양과 크기가 자수와 같은 펠트지를 준비한다.

*5_* 펠트지에 접착제를 바르고 자수 뒷면에 잘 맞춰 붙인다.

*6_* 자수와 펠트지의 테두리를 버튼홀 스티치로 정리한다.

*7_* 접착제로만 붙여도 되지만, 버튼홀 스티치를 하면 훨씬 단단하고 완성도 높게 마무리된다.

*8_* 자석이나 브로치 핀을 준비해 자수 뒷면에 꿰매거나 접착제로 붙인다.

Fall

가을 버섯과 도토리

가을 숲길을 산책하다 보면 예쁜 버섯과 도토리들을 발견하는 재미가 있습니다. 계절의 즐거움을 잊지 않고 수 놓은 책갈피로 일상의 기쁨을 되새깁니다.

Fall

버섯과 도토리 도안

Red 버섯

〔실〕
DMC 울사 7601, 7280 / 애플톤 울사 873, 962, 988, 476, 983, DMC 25번사 3801, 3865

〔스티치〕
새틴 스티치, 코디드 디태치드 버튼홀, 버튼홀 스티치, 프렌치 노트 스티치, 백 스티치, 프리 스티치

〔부자재〕
방울 솜

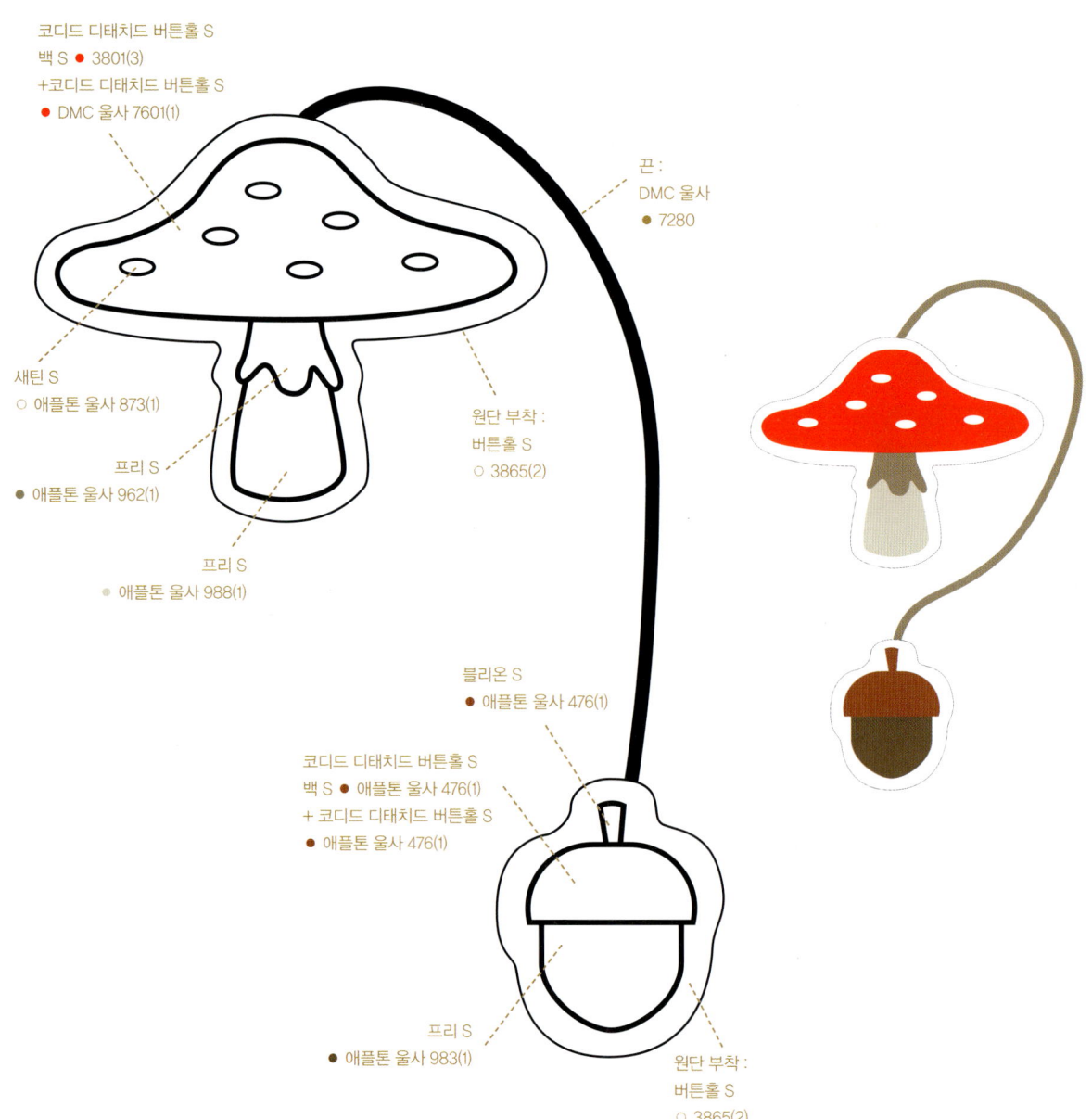

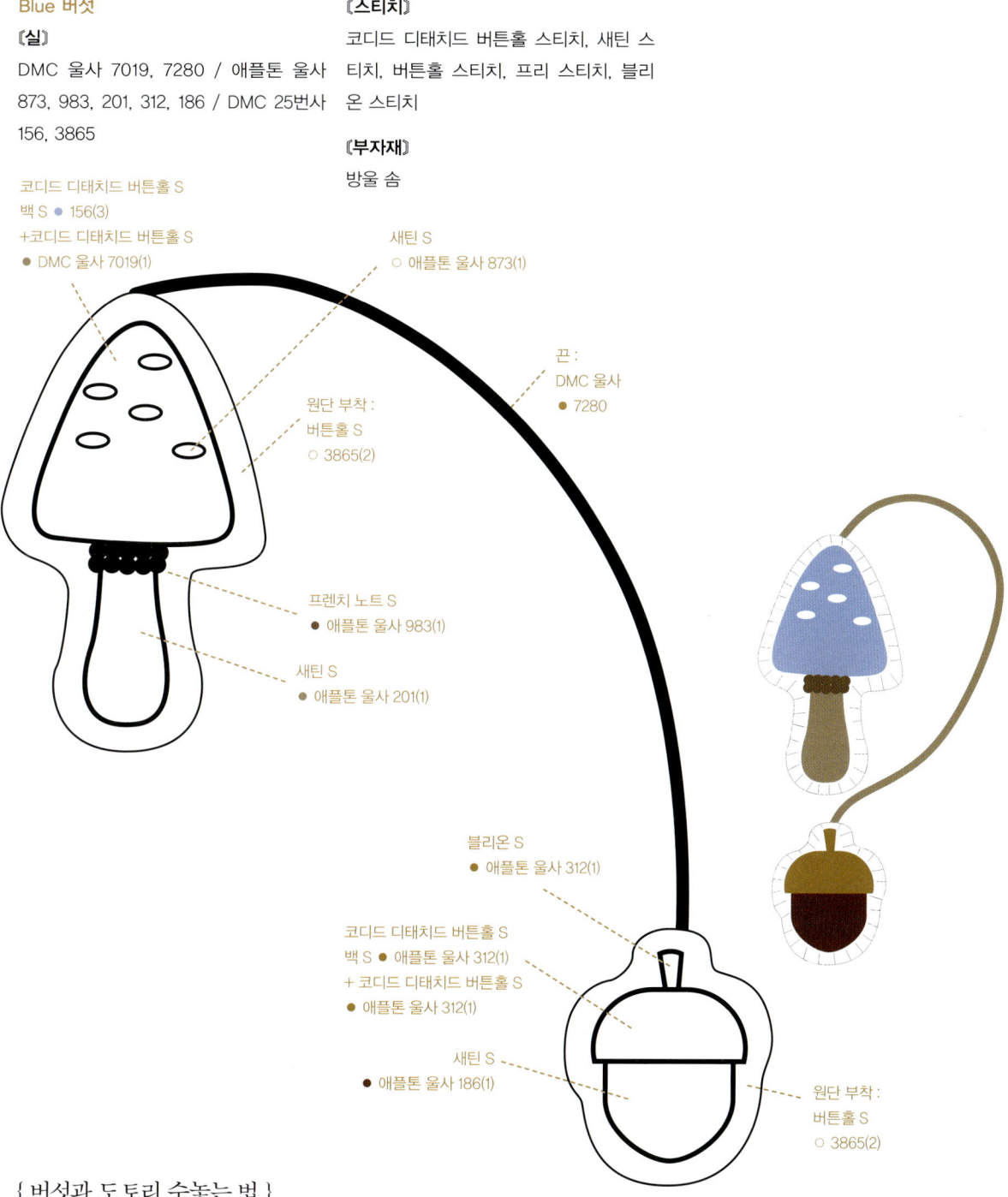

{ 버섯과 도토리 수놓는 법 }

1_ 스티치 방법을 참고해 납작한 수부터 놓기 시작한다.
2_ 납작한 수가 완성되면 입체 자수(코디드 디태치드 버튼홀 스티치)를 통통하게 채워 완성한다.

{ 책갈피 만드는 법 }

준비물 : 펠트지(아이보리색)

*1_* 펠트지 원단을 2장 준비해 1장에는 도안을 옮긴다.
*2_* ①의 도안에 수를 놓는다.
*3_* 자수가 완성되면 자수 뒷면과 나머지 펠트지 원단을 마주 대고 버튼홀 스티치로 붙인다.
*4_* 원단을 붙이면서 적당한 위치에 연결 끈을 끼우고 함께 붙여 버섯과 도토리를 연결한다.

Bear

곰 아저씨

단순한 선으로 수놓은 곰 아저씨에게
입체 자수로 포근하게 빨간 목도리를
둘러주었습니다. 2가지 색만 사용했는
데도 따스한 분위기가 감돕니다.

Bear

곰 아저씨 도안

〔실〕
DMC 25번사 535, 3801

〔스티치〕
가방: 아웃라인 스티치, 스트레이트 스티치, 새틴 스티치, 스미르나 스티치, 실론 스티치, 백 스티치, 프렌치 노트 스티치 가방
끈: 크로스 스티치, 백 스티치, 스티치, 체인 스티치, 스미르나 스티치

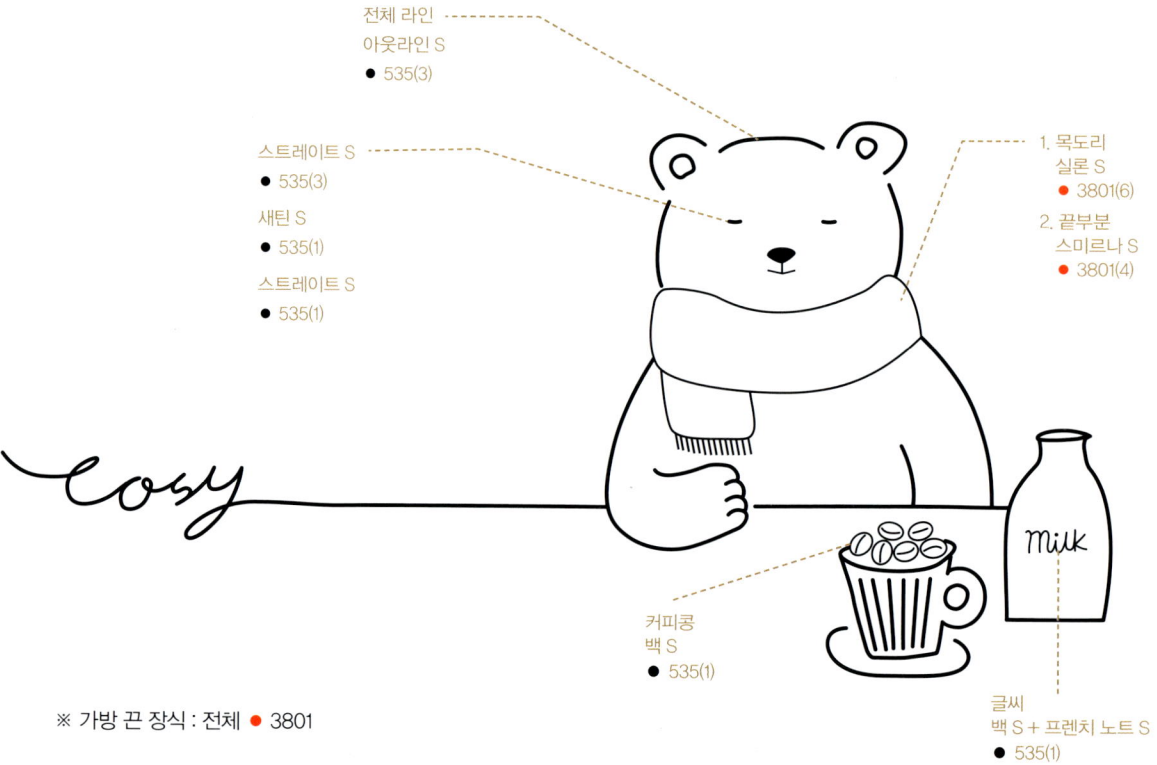

전체 라인
아웃라인 S
● 535(3)

스트레이트 S
● 535(3)

새틴 S
● 535(1)

스트레이트 S
● 535(1)

1. 목도리
실론 S
● 3801(6)

2. 끝부분
스미르나 S
● 3801(4)

커피콩
백 S
● 535(1)

글씨
백 S + 프렌치 노트 S
● 535(1)

※ 가방 끈 장식: 전체 ● 3801

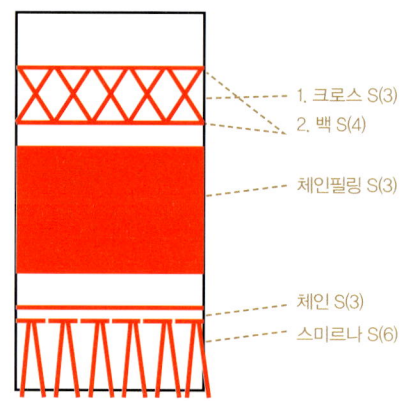

1. 크로스 S(3)
2. 백 S(4)
체인필링 S(3)
체인 S(3)
스미르나 S(6)

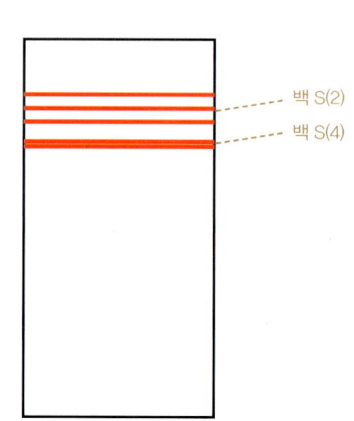

백 S(2)
백 S(4)

Small Things.

{ 곰 아저씨 수놓는 법 }

1_ 납작한 수를 먼저 놓고, 목도리는 스미르나 스티치로 끝부분을 먼저 완성한다.

2_ 목도리 끝에서부터 실론 스티치로 채운다.

{ 에코 백에 수놓는 법 }

준비물 : 에코 백(27×28.5cm)

무늬 없는 에코 백에 적당한 위치를 잡아 도안대로 수를 완성한다.

Snowman   눈사람

60   Small Things.

긴 겨울을 보내던 어느 날, 문득 자수를 시작해 참 다행이라는 생각이 들었습니다. 창밖에 내리는 함박눈을 보며 그날의 기분을 담은 짧은 문장과 함께 눈사람 액자를 완성했습니다.
Warm Hugs!

Snowman

눈사람 도안

〔실〕
DMC 태피스트리 울사 ECRU, 7514 / 애플톤 울사 323, 442 / DMC 25번사 ECRU, 931, 3862

〔부자재〕
방울 솜, 액자

〔스티치〕
백 스티치, 코디드 디태치드 버튼홀 스티치, 스트레이트 스티치, 프렌치 노트 스티치, 드리즐 스티치, 체인 스티치, 카우칭 스티치, 스미르나 스티치

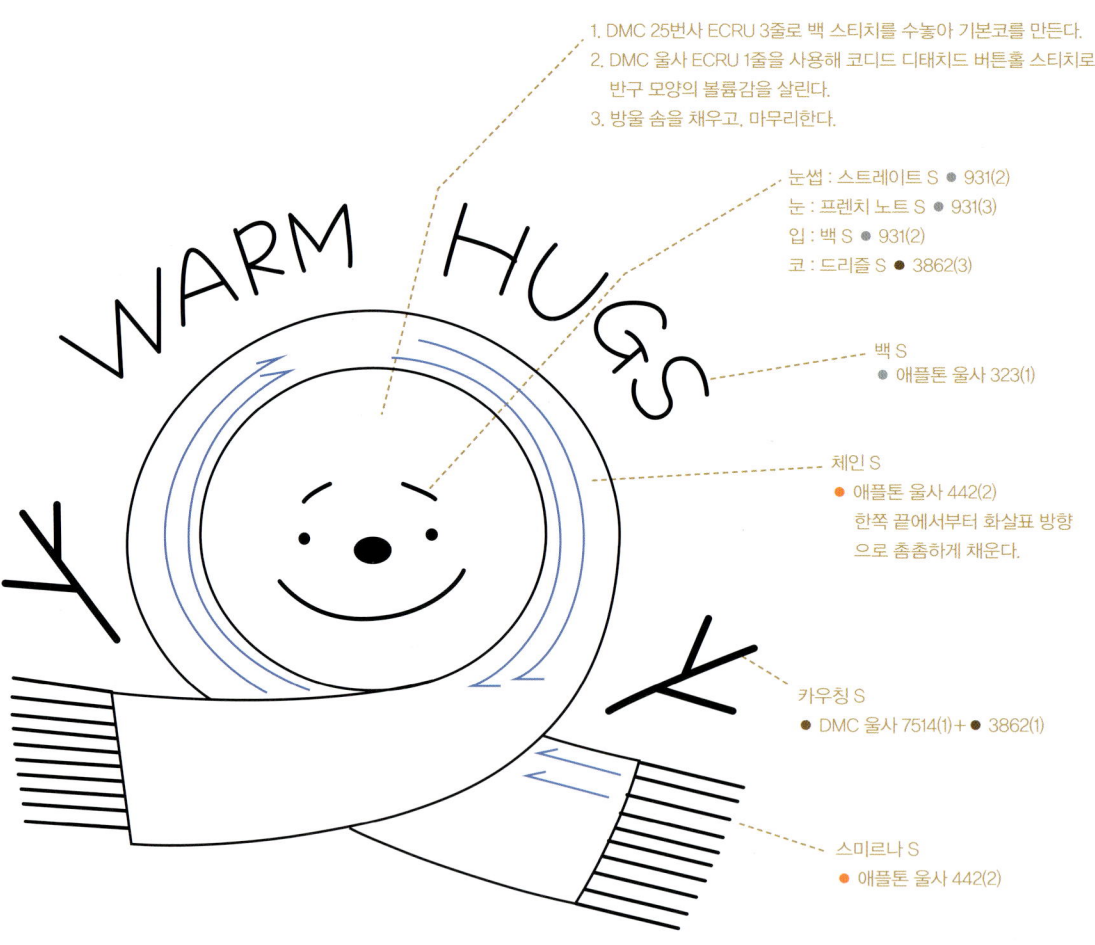

1. DMC 25번사 ECRU 3줄로 백 스티치를 수놓아 기본코를 만든다.
2. DMC 울사 ECRU 1줄을 사용해 코디드 디태치드 버튼홀 스티치로 반구 모양의 볼륨감을 살린다.
3. 방울 솜을 채우고, 마무리한다.

눈썹 : 스트레이트 S ● 931(2)
눈 : 프렌치 노트 S ● 931(3)
입 : 백 S ● 931(2)
코 : 드리즐 S ● 3862(3)

백 S
● 애플톤 울사 323(1)

체인 S
● 애플톤 울사 442(2)
한쪽 끝에서부터 화살표 방향으로 촘촘하게 채운다.

카우칭 S
● DMC 울사 7514(1) + ● 3862(1)

스미르나 S
● 애플톤 울사 442(2)

{ 눈사람 수놓는 법 }

납작한 수를 먼저 놓는다. 단, 얼굴과 목도리 부분은 얼굴의 입체 자수를 먼저 완성한다. 얼굴에는 방울 솜을 넣어 입체감을 살린다. 눈, 코, 입은 청화펜으로 그린 후 조심스럽게 수를 놓는다.

{ 액자 만드는 법 }

준비물 : 캔버스(10×10cm), 핸드 태커 또는 압정

1_ 완성된 자수를 캔버스 앞면 중심에 잘 맞춘 다음, 뒷면 위쪽 중심부터 태커로 원단을 고정한다.(태커 대신 압정을 사용해도 된다.)

2_ 원단을 팽팽하게 당겨 아랫면도 부착한다.

3_ 모서리는 겹치는 부분의 원단을 숨기며 안쪽으로 깔끔하게 접어 정리한다.

4_ 정리된 모서리 부분과 양옆의 원단도 태커로 고정한다.

Christmas Ornament

크리스마스 오너먼트

따스한 울사와 반짝이는 금사로 크리스마스 트리에 장식할 오너먼트를 만들었습니다. 조그만 소품 몇 개가 공간을 포근하게 채워줍니다.

Christmas Ornament 오너먼트 도안

리스
〔실〕
DMC 태피스트리 울사 ECRU / 금사

〔스티치〕
패디드 새틴 스티치, 백 스티치, 스트레이트 스티치

〔부자재〕
비즈

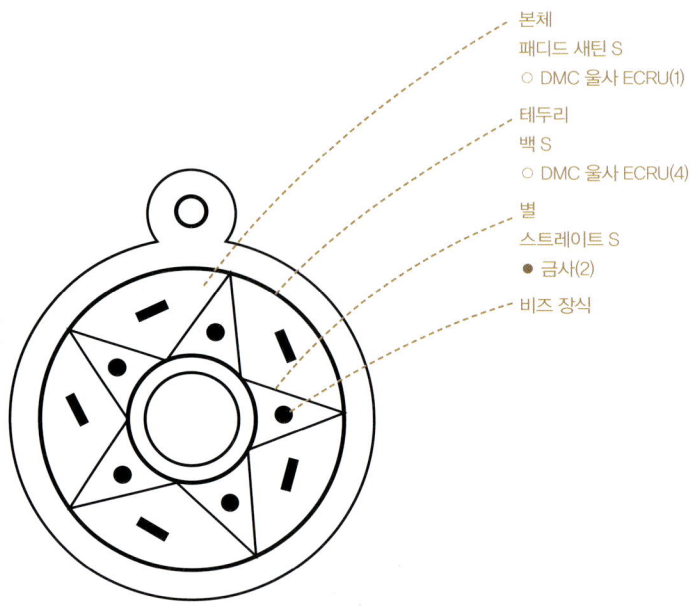

본체
패디드 새틴 S
○ DMC 울사 ECRU(1)

테두리
백 S
○ DMC 울사 ECRU(4)

별
스트레이트 S
● 금사(2)

비즈 장식

트리
〔실〕
DMC 태피스트리 울사 ECRU / 금사

〔스티치〕
스미르나 스티치

〔부자재〕
비즈

스미르나 S
○ DMC 울사 ECRU(1)

비즈 장식

TIP. 트리 부분은 스미르나 스티치로 밖에서 안으로 채워 수놓아 풍성하게 표현한다.

양말

〔실〕

DMC 태피스트리 울사 ECRU, 7606 / 금사

〔스티치〕

코디드 디태치드 버튼홀 스티치, 프리 스티치, 백 스티치, 스트레이트 스티치

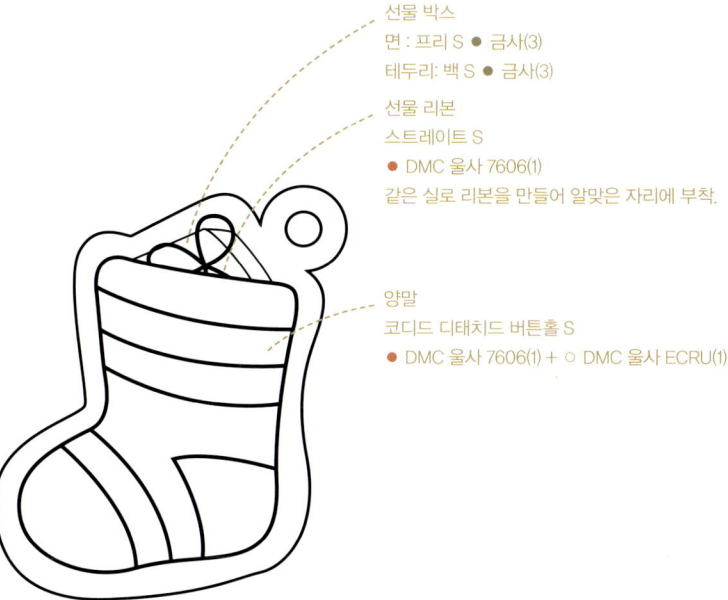

선물 박스
면 : 프리 S ● 금사(3)
테두리: 백 S ● 금사(3)

선물 리본
스트레이트 S
● DMC 울사 7606(1)
같은 실로 리본을 만들어 알맞은 자리에 부착.

양말
코디드 디태치드 버튼홀 S
● DMC 울사 7606(1) + ○ DMC 울사 ECRU(1)

눈사람

〔실〕

DMC 태피스트리 울사 ECRU, 535, 721, 7606

〔스티치〕

코디드 디태치드 버튼홀 스티치, 프렌치 노트 스티치, 드리즐 스티치, 백 스티치

〔부자재〕

비즈, 방울 솜

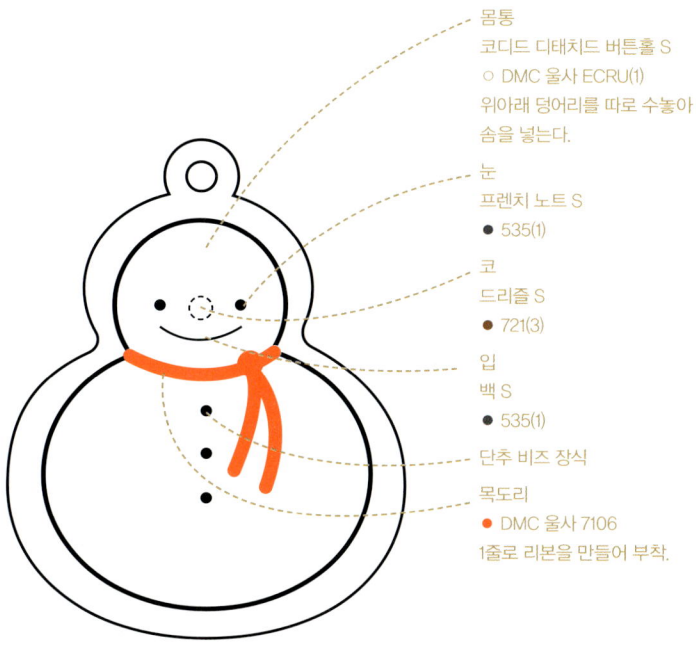

몸통
코디드 디태치드 버튼홀 S
○ DMC 울사 ECRU(1)
위아래 덩어리를 따로 수놓아 솜을 넣는다.

눈
프렌치 노트 S
● 535(1)

코
드리즐 S
● 721(3)

입
백 S
● 535(1)

단추 비즈 장식

목도리
● DMC 울사 7106
1줄로 리본을 만들어 부착.

캔디

〔실〕

DMC 태피스트리 울사 7606 / 금사

〔스티치〕

코디드 디태치드 버튼홀 스티치, 체인 스티치

〔부자재〕

방울 솜

캔디
코디드 디태치드 버튼홀 S
● DMC 울사 7606(1)
솜을 넣어 볼륨감을 살린다.

줄무늬
체인 S
● 금사(2)

{ 자석 장식 또는 브로치 만드는 법 }

준비물 : 펠트지(아이보리색), 접착제, 패브릭 펀치, 끈

1_ 자수를 완성한다.

2_ 수가 완성된 앞면을 재단선을 따라 자르고 뒷면도 같은 모양과 크기로 자른다. 이때 상단에 고리 만들 부분을 고려해서 사진과 같이 자른다.

3_ 자수 뒷면과 ②에서 자른 펠트지를 접착제로 붙이고, 버튼홀 스티치로 테두리를 한번 더 고정한다.

4_ 도안 자국을 지우고, 고리를 만들 부분에 패브릭 펀치로 구멍을 낸다.

5_ 고리에 끈을 달아 트리에 건다.

쉼고
재미난
입체 자수

입체 자수를 도안 없이 아주 간단하게 즐기는 방법을 소개합니다. 오래된 단색 니트나 양말에 도드라지는 색감으로 작게 수를 놓아보세요. 금세 완성되면서도 귀엽고 재미있는 포인트가 됩니다.

양말에 수놓기

검은색 양말
애플톤 울사, 분홍색은 우븐 피코 스티치, 초록색은 캐스트온 스티치

흰색 양말
애플톤 울사, 빨간색과 청록색 모두 캐스트온 스티치

- ◈ 겨울 양말에는 애플톤 울사, 봄·가을 양말에는 DMC 25번사가 어울립니다. 각자 양말에 포인트가 될 만한 색상으로 골라보세요.
- ◈ 양말은 수틀을 사용하기 어렵습니다. 신발을 신었을 때 자수가 밖으로 보이도록 자리를 잡고, 목이 긴 양말은 윗부분을 돌돌 말아놓고 작업하면 편합니다.
- ◈ 양말은 신축성이 있어 수를 놓을 때 힘 조절을 잘해야 울지 않습니다. 또한 자주 세탁해야 하므로 자수 뒷면 매듭을 단단하게 마무리하는 것이 좋습니다.

니트에 수놓기

손목 부분
DMC 25번사, 우븐 피코 스티치

단추 부분
DMC 25번사, 베리에이션 실, 캐스트온 스티치

뒷목 부분(70쪽 사진)
베리에이션 실, 스미르나 스티치

◆ 수틀을 사용하기 어려운 부분은 힘 조절을 하며 조심히 수를 놓습니다.
◆ 니트는 신축성이 있어 힘 조절을 잘해야 울지 않습니다. 수를 놓을 위치에 수용성 자수 심지를 붙이고 작업하면 원단이 늘어나는 것을 약간 방지할 수 있습니다.

> 캐스트온 스티치 174쪽
> 스미르나 스티치 178쪽
> 우븐 피코 스티치 190쪽

Special:

온전히 집중하는 시간

오롯이 내 손으로 시간을 들여 무언가를 천천히 완성했을 때, 그 기쁨이 무척 소중하게 느껴집니다.
따스한 시선으로 한 땀 한 땀 수놓은 작품은 주변을 포근하게 만들어줍니다.

Je t'aime

주템므

사랑스러운 분홍색 색감을 살려 밸런타인데이나 생일에 어울리는 카드를 만들었습니다. 입체 자수로 수놓은 하트 하나하나에서 생동감이 느껴집니다.

Je t'aime

주템므 도안

〖실〗
DMC 태피스트리 울사 ECRU / 애플톤 울사 751, 831, 873, 209, 943 / 4번사 ECRU / 라메실 col.2 / DMC 25번사 ECRU, 3814

〖스티치〗
아웃라인 스티치, 프렌치 노트 스티치, 체인 스티치, 패디드 새틴 스티치, 백 스티치, 코디드 디태치드 버튼홀 스티치

〖부자재〗
비즈(녹색)

아웃라인 S
● 라메실 col.2(1)

체인 S
● 라메실 col.2(1)
■ 패디드 새틴 S ● 애플톤 울사 751(1)
■ 패디드 새틴 S ● 애플톤 울사 831(1)
☆ 패디드 새틴 S ○ 애플톤 울사 873(1)
● 패디드 새틴 S ● 애플톤 울사 209(1)
★ 패디드 새틴 S ● 애플톤 울사 943(1)

1. 기본코
   백 S
   ● DMC 25번사 ECRU(3)
2. 바구니
   코디드 디태치드 버튼홀 S
   ● DMC 울사 ECRU(1)
3. 손잡이
   체인 S(사슬뜨기 방식)
   ● 4번사 ECRU(1)

프렌치 노트 S
● 3814(3)

아웃라인 S
● 3814(4)

녹색 비즈

Special.

{ 주뗌므 수놓는 법 }

*1_* 하트의 입체감을 살리기 위해 수의 반대 방향으로 안쪽을 먼저 채운다.

*2_* 하트의 중심부터 바깥쪽으로 차근차근 채워 완성한다.

*3_* 패디드 새틴 스티치로 완성한 하트.

*4_* 바구니는 바닥과 옆면 테두리를 먼저 백 스티치로 수놓은 다음, 바닥에서 위쪽으로 코디드 디태치드 버튼홀 스티치를 놓아 만든다.

*5_* 바구니를 완성한 모양.

{ 카드 만드는 법 }

준비물 : 리넨(분홍색), 하드보드지(12×17cm), 편지 쓸 종이(12×17cm), 접착제

*1*_ 자수를 완성한 다음 원단을 여유 있게 재단하고 사진과 같이 하드보드지에 접착제로 깔끔하게 붙인다.

*2*_ 편지 쓸 종이를 하드보드지와 같은 크기(81쪽)로 인쇄해서 준비한다.

*3*_ 카드 뒷면에 ②를 접착제로 붙인다.

*4*_ 카드를 완성한 모양.

카드 뒷면

Beads Coaster

비즈 코스터

때로는 색을 과감하게 사용해도 좋아요. 반짝이는 비즈와 함께 다양한 자수 실의 색감을 살려 화사하고 개성 있는 티 코스터를 만들었습니다.

Beads Coaster

비즈 코스터 도안

티 코스터 1

〔실〕
DMC 25번사 727, 3811, 761, 3712, 930

〔스티치〕
체인 스티치, 러닝 스티치, 플라이 스티치, 스파이더 웹 로즈 스티치, 프렌치 노트 스티치, 비디드 백 스티치, 스미르나 스티치

〔부자재〕
구슬(흰색, 은색)

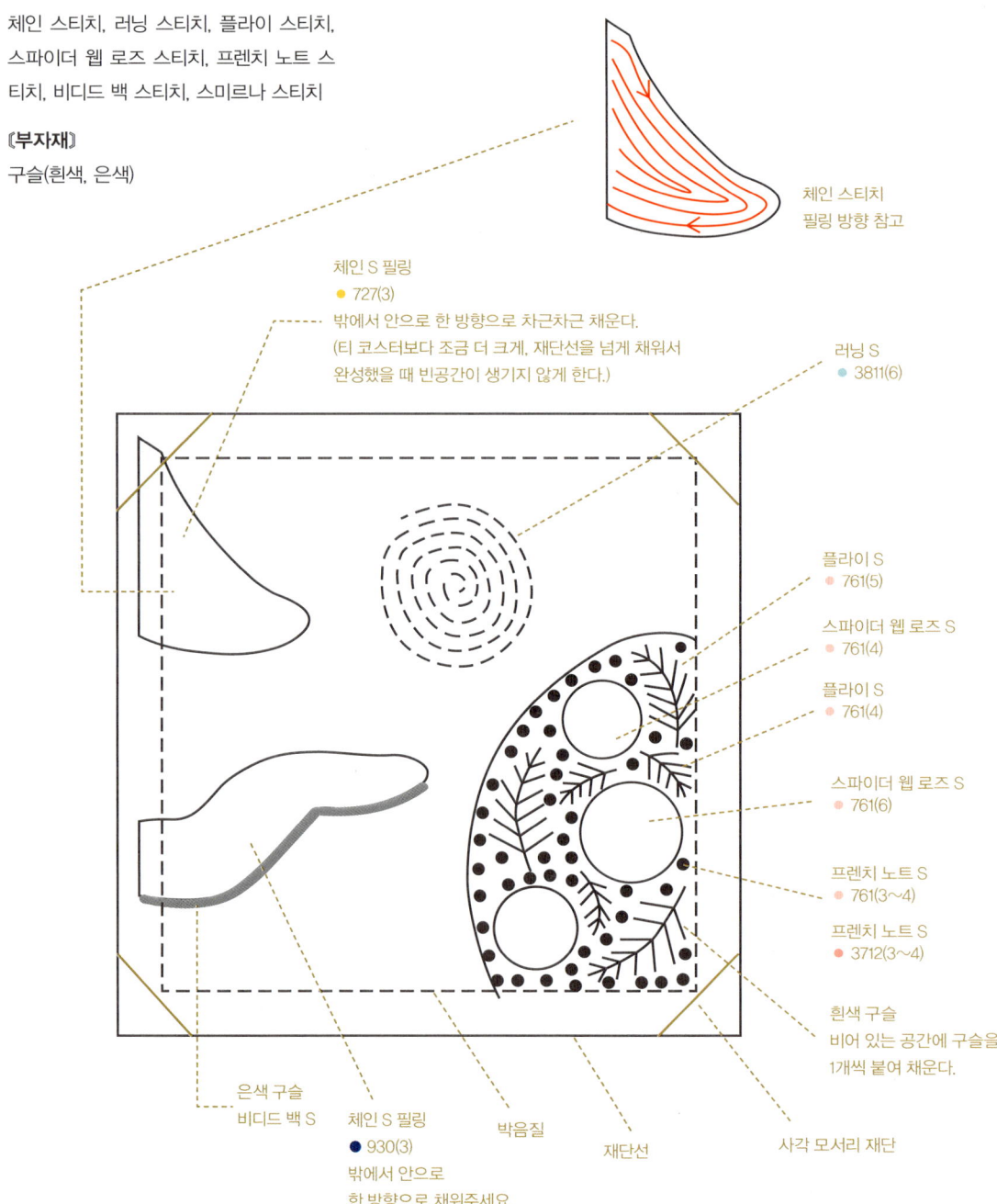

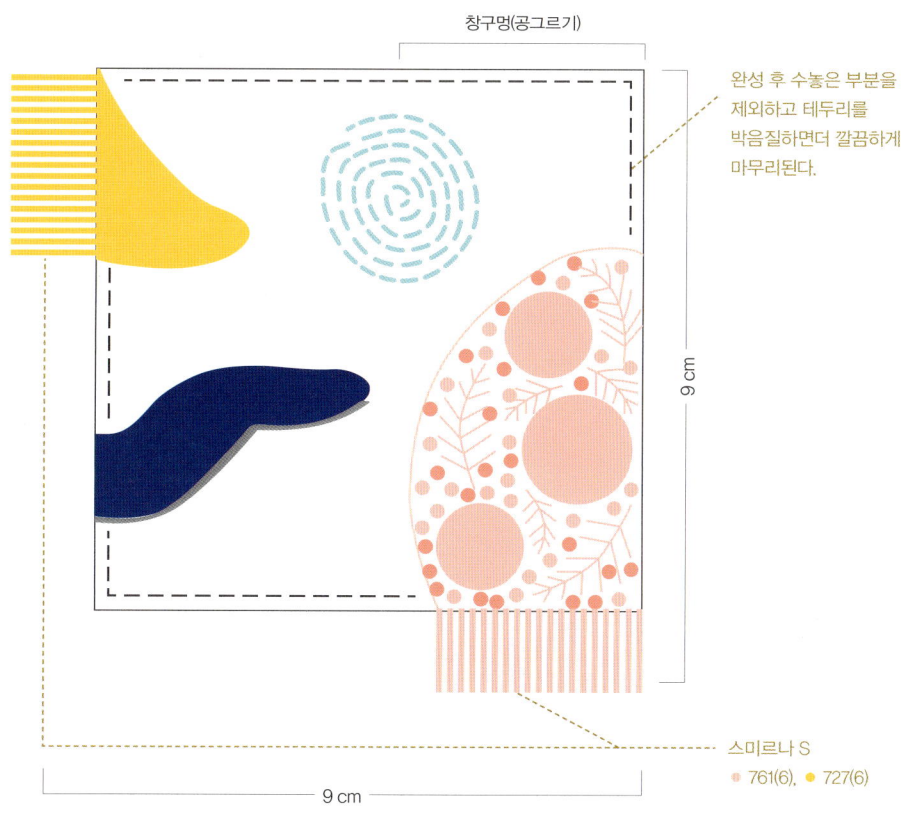

창구명(공그르기)

완성 후 수놓은 부분을 제외하고 테두리를 박음질하면더 깔끔하게 마무리된다.

9 cm

9 cm

스미르나 S
● 761(6), ● 727(6)

{ 티 코스터 수놓는 방법 }

스미르나 스티치는 티 코스터 안쪽의 모든 수를 완성한 다음에 놓아야 하므로 수틀에 끼워 작업할 수 없다. 따라서 다음 순서로 작업하는 것이 편하다.

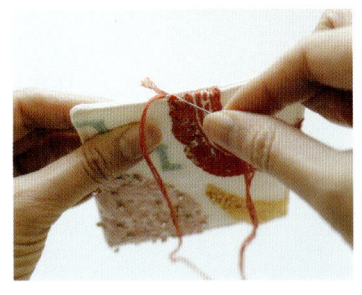

*1_* 스미르나 스티치를 놓을 정확한 위치의 한쪽 끝에 실을 적당한 길이로 빼서 수를 놓기 시작한다.

*2_* 스미르나 스티치를 진행한 모양.

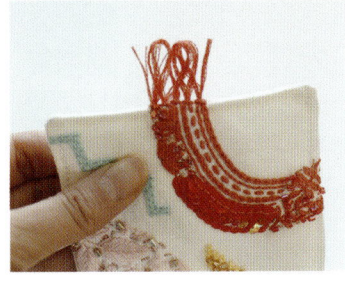

*3_* 차근차근 수를 완성한다.

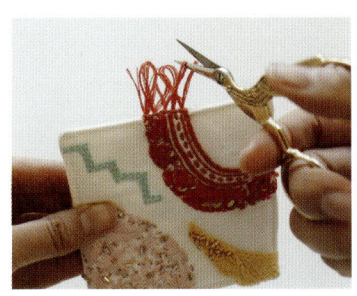

*4_* 완성된 수의 끝부분을 가위로 자른다.

*5_* 같은 길이로 정돈한다.

*6_* 스미르나 스티치를 완성한 모양.

{ 티 코스터 만드는 법 }

완성 크기 : 9×9cm   준비물 : 리넨. 단면 접착 솜 5온스(8×8cm)

1_ 티 코스터 앞뒤 원단을 2장 준비한다.
2_ 앞면으로 사용할 원단 1장에 먹지를 대고 도안을 정확하게 그린다.
3_ 스미르나 스티치를 제외한 모든 수를 완성한다.
4_ 뒷면 원단 안쪽 면에 접착 퀼팅 솜을 다리미로 다려 붙인다.
5_ 자수를 완성한 면과 뒷면 원단 겉면을 마주 보게 두고, 창구멍을 제외한 테두리를 박음질한다.
6_ 뒤집었을 때 깔끔하도록 모서리 네 군데를 박음질 선을 주의하며 사선으로 잘라낸다.
7_ 창구멍으로 원단을 뒤집은 다음 창구멍을 공그르기로 막는다.
8_ 정확한 위치에 스미르나 스티치를 놓는다.
9_ 수놓은 부분을 제외하고 테두리를 박음질해 깔끔하게 마무리한다.
10_ 완성한 티 코스터를 물에 담그거나 분무기로 물을 뿌려 도안 자국을 깨끗이 지운다.

티 코스터 2

〚실〛

코스모사 라메실 col.6, col.4 / DMC 25번사 351, 964, 744, 3713

〚부자재〛

비즈(빨간색, 금색, 분홍색, 연분홍색), 스팽글(빨간색)

〚스티치〛

짧은 스트레이트 스티치, 레이지 데이지 스티치, 백 스티치, 체인 스티치, 러닝 스티치, 루프트 블랭킷 스티치, 프렌치 노트 스티치, 레이지 데이지&스트레이트 스티치, 피시본 스티치, 아웃라인 스티치, 플라이 스티치, 스미르나 스티치

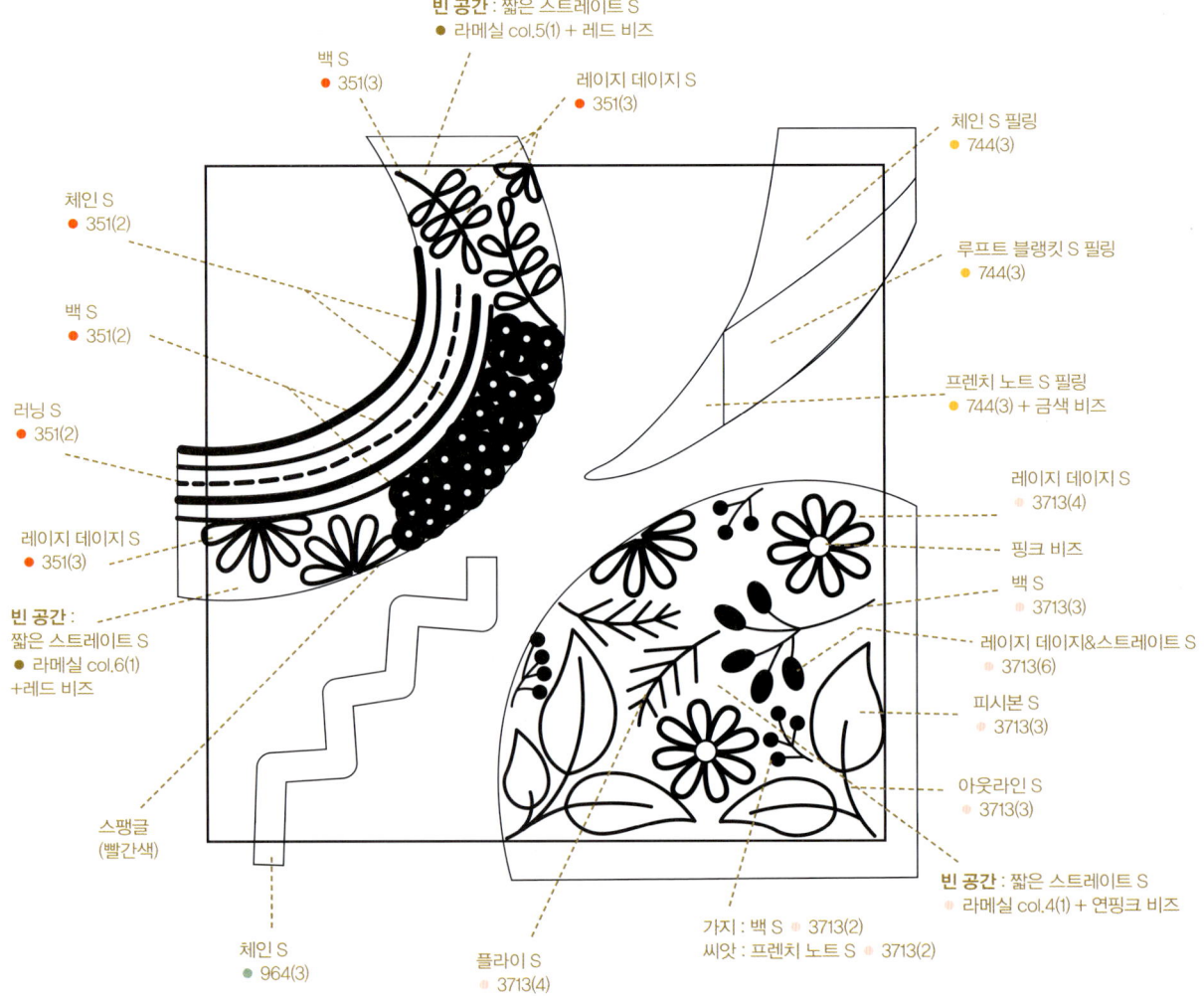

스미르나 S
● 351(6)

완성 후 수놓은 부분은 제외하고 테두리를 박음질하면 더 깔끔하게 마무리된다.

티 코스터 3

〔실〕
5번사 892,
DMC 25번사 727, 742, 3801, 3706, 819,
208, 209, 340 / 금사

〔스티치〕
아웃라인 스티치, 레이지 데이지&스트레이트 스티치, 프렌치 노트 스티치, 피시본 스티치, 새틴 스티치, 스트레이트 스티치, 비디드 백 스티치, 카우치트 트렐리스 스티치, 체인 스티치, 스미르나 스티치

〔부자재〕
비즈(금색, 보라색)

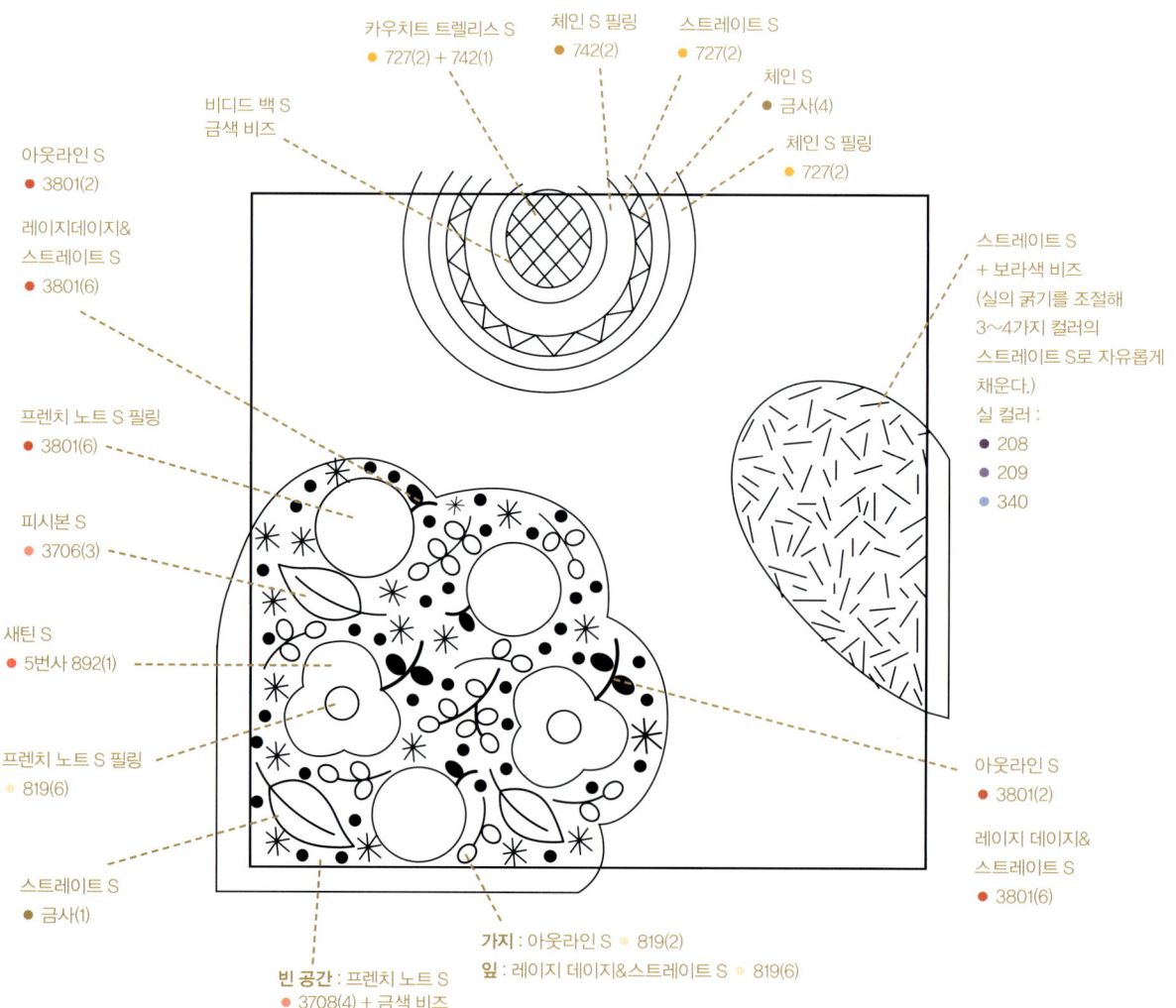

카우치트 트렐리스 S
● 727(2) + 742(1)

체인 S 필링
● 742(2)

스트레이트 S
● 727(2)

비디드 백 S
금색 비즈

체인 S
● 금사(4)

체인 S 필링
● 727(2)

아웃라인 S
● 3801(2)

레이지데이지&
스트레이트 S
● 3801(6)

프렌치 노트 S 필링
● 3801(6)

피시본 S
● 3706(3)

새틴 S
● 5번사 892(1)

프렌치 노트 S 필링
● 819(6)

스트레이트 S
● 금사(1)

스트레이트 S
+ 보라색 비즈
(실의 굵기를 조절해
3~4가지 컬러의
스트레이트 S로 자유롭게
채운다.)
실 컬러 :
● 208
● 209
● 340

아웃라인 S
● 3801(2)

레이지 데이지&
스트레이트 S
● 3801(6)

가지 : 아웃라인 S ● 819(2)
잎 : 레이지 데이지&스트레이트 S ● 819(6)

빈 공간 : 프렌치 노트 S
● 3708(4) + 금색 비즈

스미르나 S
● 727(6)

스미르나 S
● 208(6)

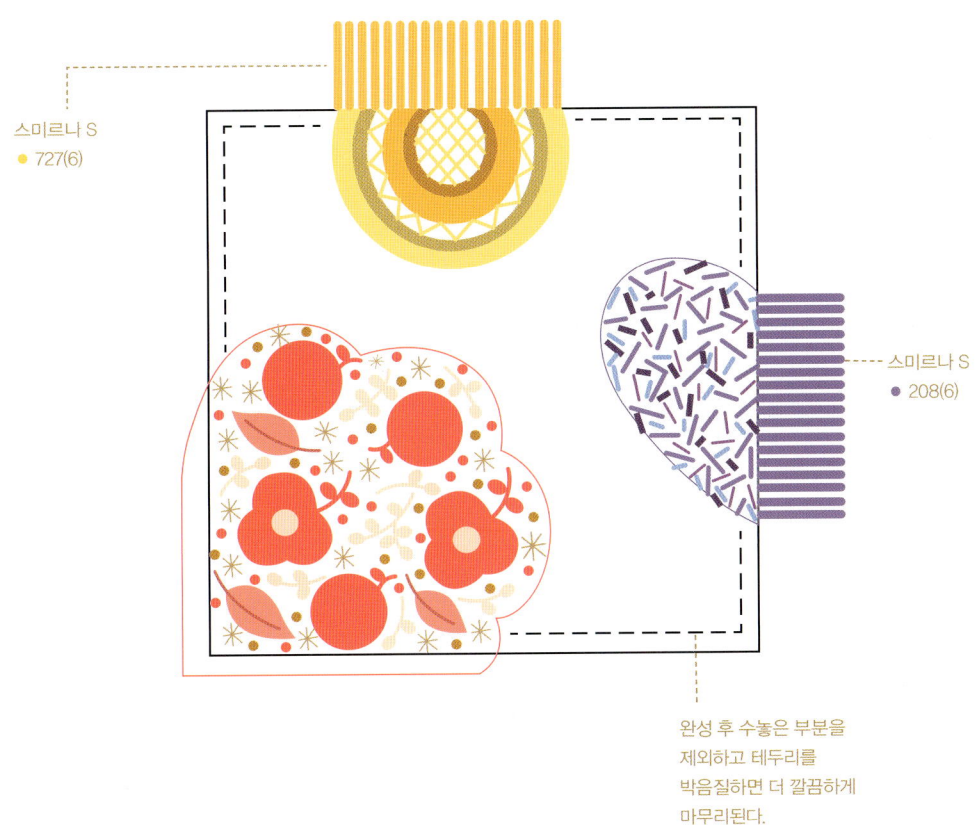

완성 후 수놓은 부분을
제외하고 테두리를
박음질하면 더 깔끔하게
마무리된다.

Summer

여름

Special.

계절마다 자수로 담아두고 싶은 장면이 눈에 들어오곤 합니다. 천천히 수를 놓으며 장면을 그리는 일은 사진이나 그림과는 다른 특별함이 있습니다. 액자나 장식 갈런드로 활용해보세요.

Summer

여름 도안

〔실〕

DMC 25번사 3830, 3778, 470, 520, 472, 535, 8, 738, 437, 3865, 807, 677, 318, 3811, 436, 3864, 3862, 739, 435, 839

〔스티치〕

아웃라인 스티치, 레이지 데이지&스트레이트 스티치, 새틴 스티치, 백 스티치, 코디드 디태치드 버튼홀 스티치, 스미르나 스티치, 스파이더 웹 스티치, 체인 스티치, 프리 스티치, 바스켓 스티치, 케이블 스티치, 카우치트 트렐리스 스티치

{ Detail Check }

1_ 납작한 수를 완성한 다음 입체 수를 놓는다.
2_ 모자는 35쪽, 슬리퍼는 44쪽을 참고한다.

{ 액자 만들기 }

준비물: 리넨(내추럴), 액자(14×19cm)

리넨에 수를 완성한 후 크기에 맞는 액자에 끼운다.

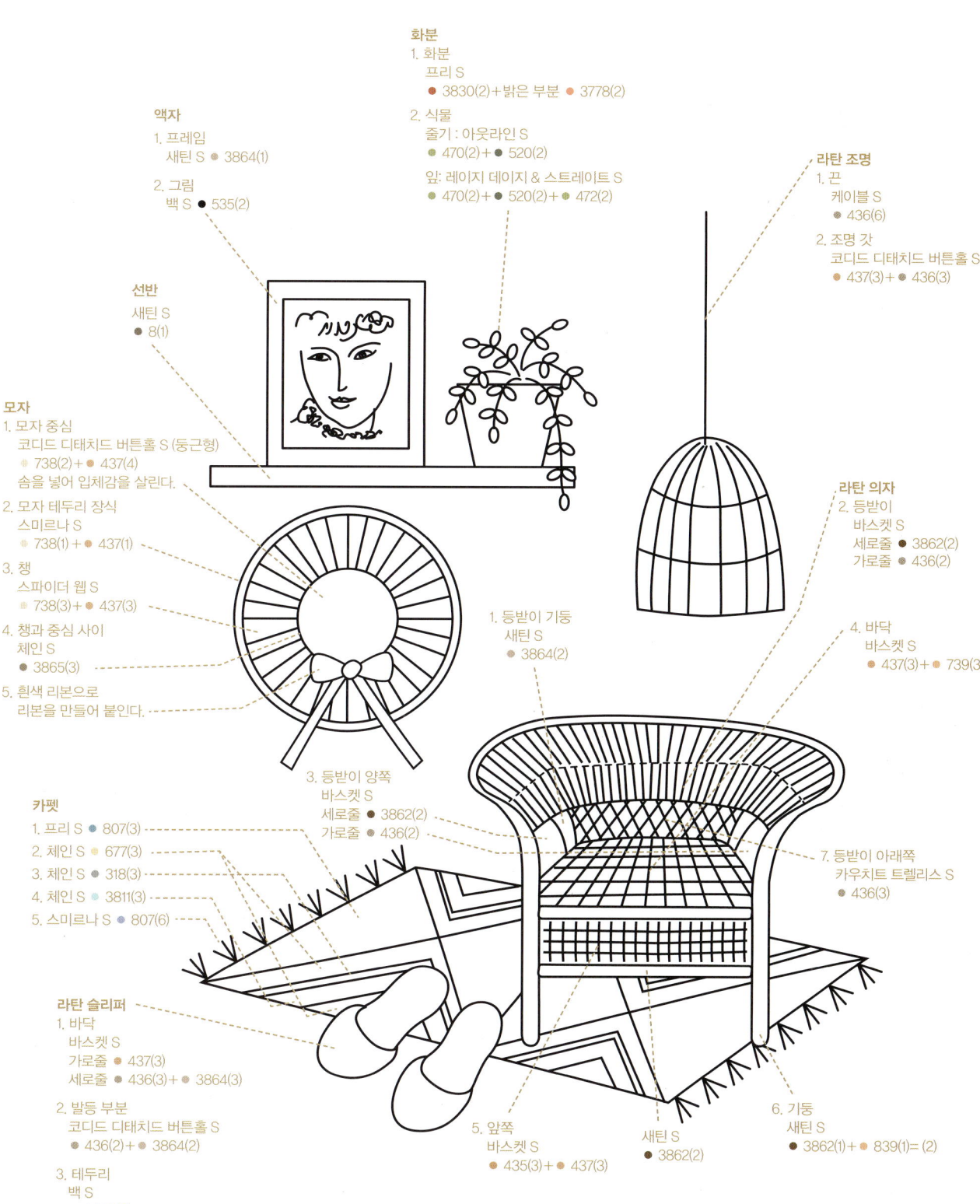

Strawberry

딸기

통통한 딸기와 작고 하얀 딸기 꽃을 입체 자수로 재미있게 표현했습니다. 주방에 달콤한 생동감을 더해보세요.

Strawberry

딸기 도안

〔실〕
DMC 5번사 3731, 963 / DMC 25번사 3731, 958, 963, 964, 3865, 3855, 3808

〔부자재〕
리본 끈, 방울 솜

〔스티치〕
백 스티치, 코디드 디태치드 버튼홀 스티치, 우븐 피코 스티치, 스트레이트 스티치, 프렌치 노트 스티치, 새틴 스티치, 카우칭 스티치

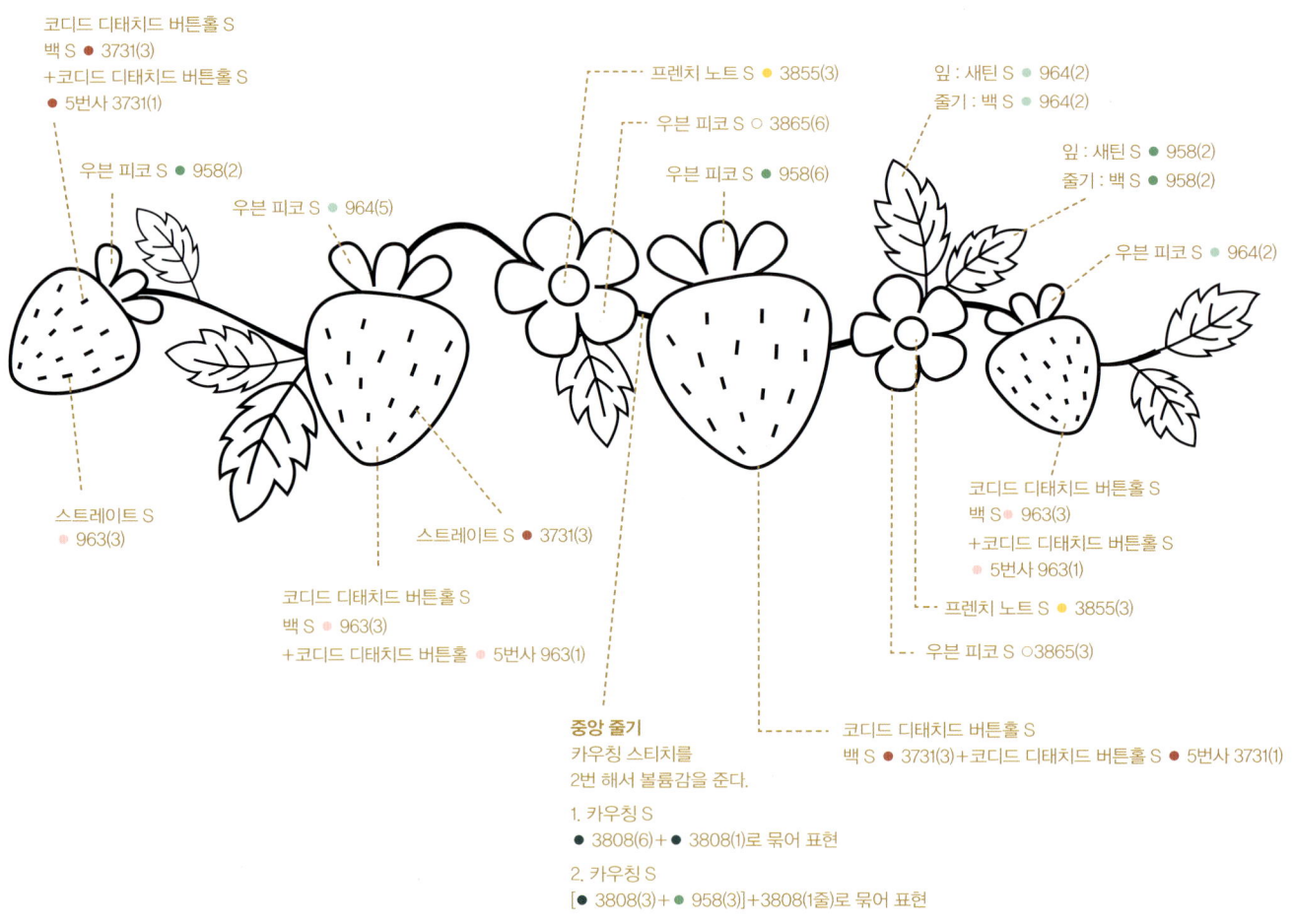

{ Detail Check }
납작한 수를 완성한 다음 입체 수를 놓는다.

{ 주방 수건 만드는 법 }

완성 크기 : 46×38cm

준비물 : 리넨(분홍색), 리본 끈

1_ 분홍색 리넨 원단을 2장 준비한다.
2_ 앞면 원단의 정확한 위치에 도안을 옮긴다.
3_ 스티치 방법에 맞춰 수를 완성한다.
4_ 자수를 완성한 면과 뒷면 원단을 잘 맞춰 시침핀으로 고정한다.
5_ 주방 수건 위쪽 중앙에 시침핀으로 끈도 함께 고정한다.
6_ 두 원단을 잘 맞추고 박음질해 완성한다.
7_ 깔끔하게 다려서 사용한다.

Happy Holiday

해피 홀리데이

Special.

귀여운 산타를 수놓아 작은 주머니를 만들었습니다. 아이에게 달콤한 간식을 담아주어도 좋고 연말 선물 주머니로 사용하기에도 제격입니다.

Happy Holiday

해피 홀리데이 도안

〖실〗
애플톤 울사 445, 873 / 라메실 col.2 /
DMC 25번사 3865, 819, 414

〖부자재〗
공예용 와이어

〖스티치〗
체인 스티치, 휘프트 체인 스티치, 프렌치 노트 스티치, 스트레이트 스티치, 스미르나 스티치, 프리 스티치, 새틴 스티치

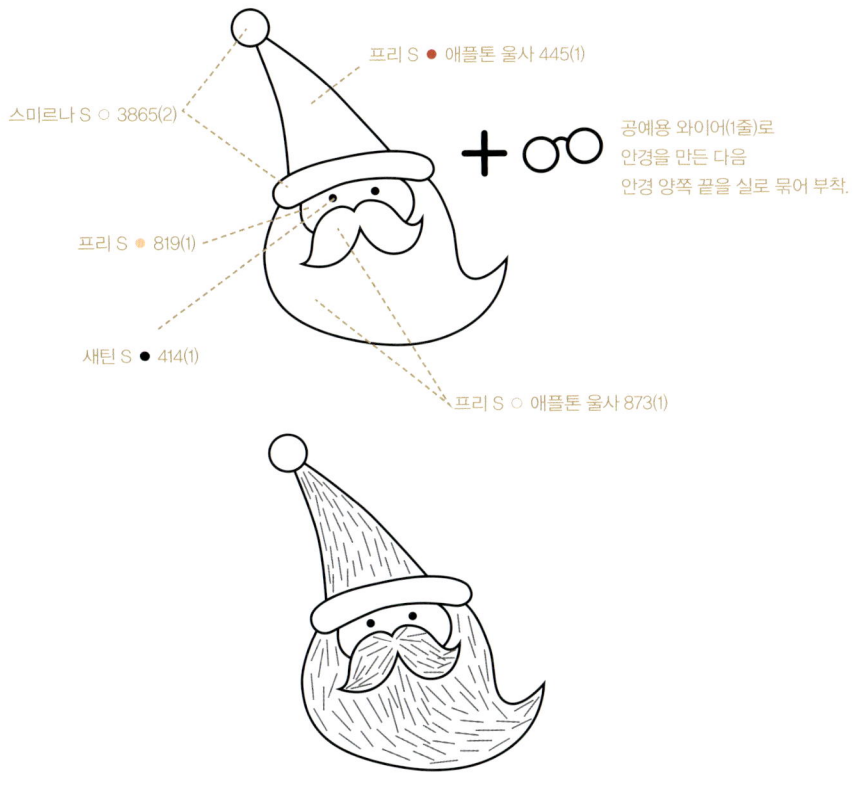

스미르나 S ○ 3865(2)
프리 S ● 애플톤 울사 445(1)
프리 S ● 819(1)
새틴 S ● 414(1)
프리 S ○ 애플톤 울사 873(1)

공예용 와이어(1줄)로 안경을 만든 다음 안경 양쪽 끝을 실로 묶어 부착.

[프리 스티치 방향 참고]

{ 주머니 만드는 법 }

완성 크기 : 17×18cm
준비물 : 리넨(내추럴), 리본 끈

1_ 내추럴 리넨 원단을 도안에 맞춰 재단한다.

2_ 그림과 같은 위치에 수를 놓고, 겉면이 서로 마주하도록 원단을 반으로 접은 다음 시접에 맞춰 박음질한다.

3_ 끈이 들어갈 터널 부분의 시접이 잘 꺾이도록 그림과 같은 위치에 가위집을 넣는다.

4_ 터널 부분 양옆 시접을 안쪽으로 접어 박음질한다.

5_ 터널 부분을 반으로 접어 박음질한다.

6_ 뒤집었을 때 깔끔하도록 시접의 모서리를 잘라낸다.

7_ 주머니를 뒤집어 도안 자국과 펜 자국을 지우고 잘 다린 후 끈을 끼워 완성한다.

주머니에 수놓은 산타를 펠트지에 따로 수놓아 냉장고 자석과 브로치를 만들어 보았습니다.

 ---- 브로치 또는 자석 외곽선

{ 브로치 만드는 법 }

준비물: 펠트지(아이보리색), 접착제, 브로치용 핀 또는 자석, 금사

*1*_ 아이보리색 펠트지에 도안을 옮겨 그린다.

*2*_ 펠트지에 '해피 홀리데이' 도안에 있는 산타 스티치 방법(107쪽)에 맞춰 수를 완성한다.

*3*_ 외곽선에 맞춰 펠트지를 자른다.

*4*_ 크기와 모양이 앞면과 같은 뒷면용 펠트지를 준비한다.

*5*_ 앞면과 뒷면을 접착제로 붙인 다음 라메실 col. 2로 테두리에 버튼홀 스티치를 해서 마무리한다.

The Nutcracker

호두까기 인형

Special.

기나긴 겨울을 동화같이 포근하게 보내면 좋겠다는 생각을 하며 그림을 그리고 수를 놓았습니다. 아이 방에 귀엽게 장식해보세요.

The Nutcracker

호두까기 인형 도안

〔실〕
애플톤 울사 983, 524, 866, 927, 873, 224, 155, 525 / 라메 실 col.1, col.2 / DMC 25번사 819, 598, 967, 311, 815, 817

〔부자재〕
비즈(금색, 은색), 액자

〔스티치〕
프리 스티치, 새틴 스티치, 패디드 새틴 스티치, 아웃라인 스티치, 스트레이트 스티치, 블리온 스티치, 체인 스티치, 카우칭 스티치, 캐스트온 스티치, 휘프트 체인 스티치

〔프리 스티치 방향 참고〕

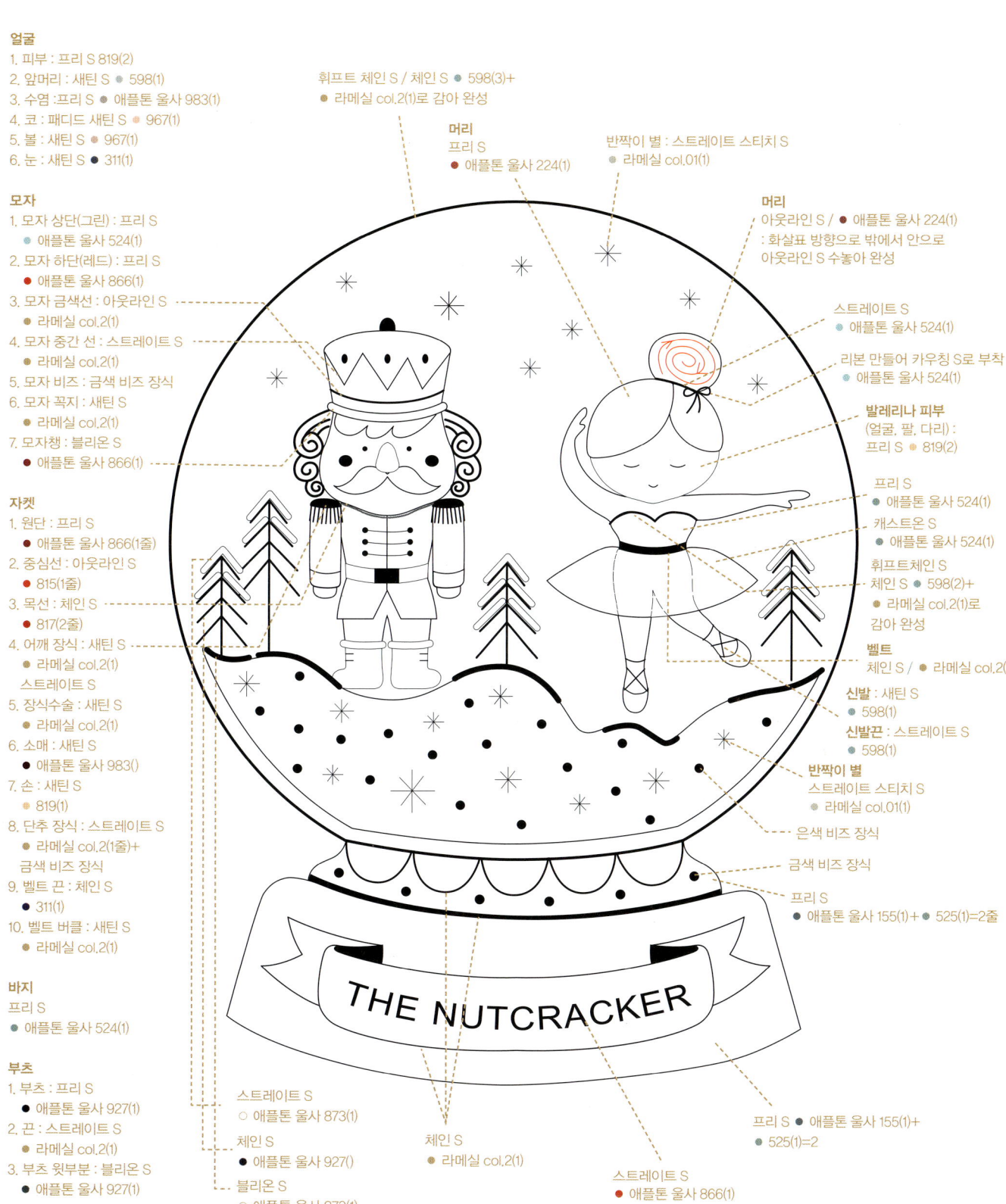

{ 호두까기 인형 수놓는 법 }

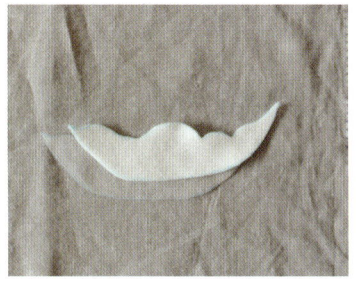

*1*_ 아이보리색 펠트지를 도안에 맞춰 자르고, 같은 모양으로 양면 접착심지를 자른다.

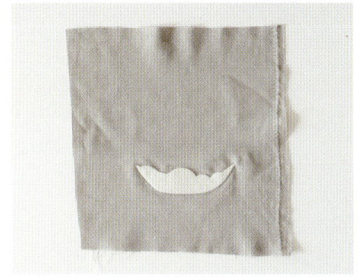

*2*_ 회색 원단에 ①의 접착 심지를 올리고 그 위에 펠트지를 올려 다리미로 다려 붙인다.

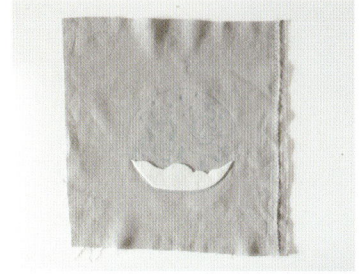

*3*_ 회색 원단에 도안을 그린다.

*4*_ 도안이 완성되면 시접을 남기고 재단한 뒤 둥글게 접힐 수 있도록 가위집을 낸다. 양면 접착 심지도 같은 크기로 준비한다.

*5*_ 시접을 접고 다리미로 눌러 정리한다.

*6*_ 남색 리넨 원단 위에 ④에서 준비한 접착 심지를 올린다. 그 위에 ⑤의 회색 원단을 올려 시침핀으로 고정하고 다리미로 눌러 붙인다.

*7*_ 부착된 모양.

*8*_ 회색 원단의 테두리를 휘프트 체인 스티치로 수놓아 좀 더 견고하고 깔끔하게 마무리한다.

*9*_ 도안을 보며 납작한 수부터 놓는다. 발레리나 다리는 치마 안쪽까지 채우는 게 좋다.

10_ 발레리나 치마는 사진과 같이 캐스트온 스티치로 밑단부터 차근차근 채운다.

TIP. 완성 후에는 물을 뿌리고 다리미로 다려 도안 자국과 원단을 정리한다.

{ 액자 만드는 법 }

크기에 맞는 액자에 넣거나 63쪽 눈사람 [액자 만드는 법]을 참고하세요.

Spring Bloom

스프링 블룸

Special.

바람이 한결 부드러워지고 햇살에서 봄기운이 느껴질 때쯤 마른 땅을 뚫고 나오는 푸릇한 생명들을 보면 감사한 마음이 듭니다. 봄을 재촉하고 싶은 마음에 아름다운 봄꽃이 가득한 수를 놓았습니다.

Spring Bloom

스프링 블룸 도안

〔실〕

애플톤 울사 965, 991B, 471, 101 / DMC 25번사 16, 470, 520, 522, 931, 761, 760, 3865, 3855, 3325, 210, 351

〔부자재〕

비즈(투명), 진주

〔스티치〕

아웃라인 스티치, 프렌치 노트 스티치, 블리온 스티치, 피시본 스티치, 백 스티치, 스템 스티치 로즈, 캐스트온 스티치, 롱 앤드 쇼트 스티치, 패디드 새틴 스티치, 우븐 피코 스티치, 드리즐 스티치, 루프트 블랭킷 스티치, 레이지 데이지&스트레이트 스티치, 레이지 데이지 스티치, 스트레이트 스티치

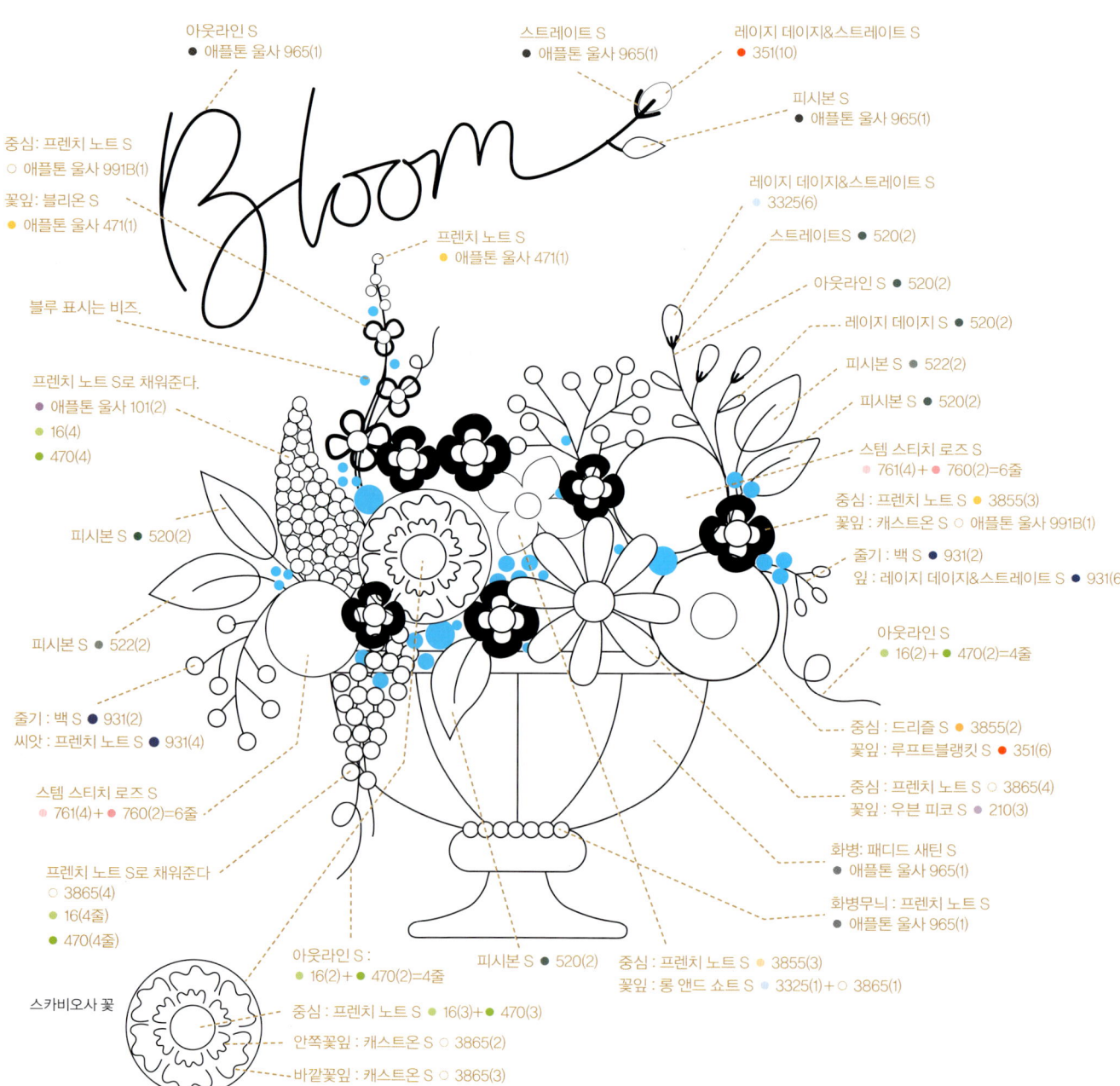

Special.

{ 스프링 블룸 수놓는 법 }

화병

화병은 패디드 새틴 스티치로 안쪽을 채워 볼륨감 있게 표현한다.

장미

장미는 스템 스티치 로즈로 볼륨감 있게 수놓는다. 프렌치 노트 스티치로 시작해 옆면을 잘 살리며 완성한다.

동백

*1_* 동백은 드리즐 스티치로 수술을 먼저 만든다.

*2_* 수술이 완성되면 루프트 블랭킷 스티치로 꽃잎을 바깥에서 안쪽으로 차근차근 채운다.

스카비오사

*1_* 스카비오사는 프렌치 노트 스티치로 수술을 볼륨감 있게 만든 후, 안쪽 꽃잎은 바늘 2개를 사용한 캐스트온 스티치로 수놓는다.

*2_* 캐스트온 스티치를 잘 둘러서 수놓아 안쪽의 꽃잎을 완성한다.

*3_* 꽃이 풍성해 보이도록 바깥 꽃잎은 바늘 3개를 사용한 캐스트온 스티치로 수놓는다.

*4_* 중심부터 바깥쪽으로 차근차근 채워 완성한다.

{ 수틀 액자 만드는 법 }

132쪽 숲 속의 토끼 [수틀 액자 만드는 법]을 참고하세요.

Rabbit

숲 속의 토끼

Special.

가을과 겨울 사이 포근한 숲 속의 이야기가 담긴 수틀 액자를 만들었습니다. 귀여운 토끼와 함께 숲 속에서 만날 수 있는 예쁜 꽃과 솔방울, 도토리를 수놓았어요.

Rabbit

숲 속의 토끼 도안

〔실〕

애플톤 울사 983 873 / DMC 태피스트리 울사 ECRU / DMC 25번사 3864, 839, 3865, 503, 3781, 3863, 159, 3768, 169, 3041, 161, 823, 926, 437, 351, 3713, 3840, 160, 6, 2

〔부자재〕

구슬(금색), 꼭지용 긴 비즈

〔스티치〕

패디드 새틴 스티치, 스트레이트 스티치, 백 스티치, 플라이 스티치, 레이지 데이지&스트레이트 스티치, 피시본 스티치, 프렌치 노트 스티치, 루프트 블랭킷 스티치, 버튼홀 스티치, 카우칭 스티치, 새틴 스티치, 프리 스티치, 스미르나 스티치, 디태치드 버튼홀 스티치, 래핑 비즈 스티치

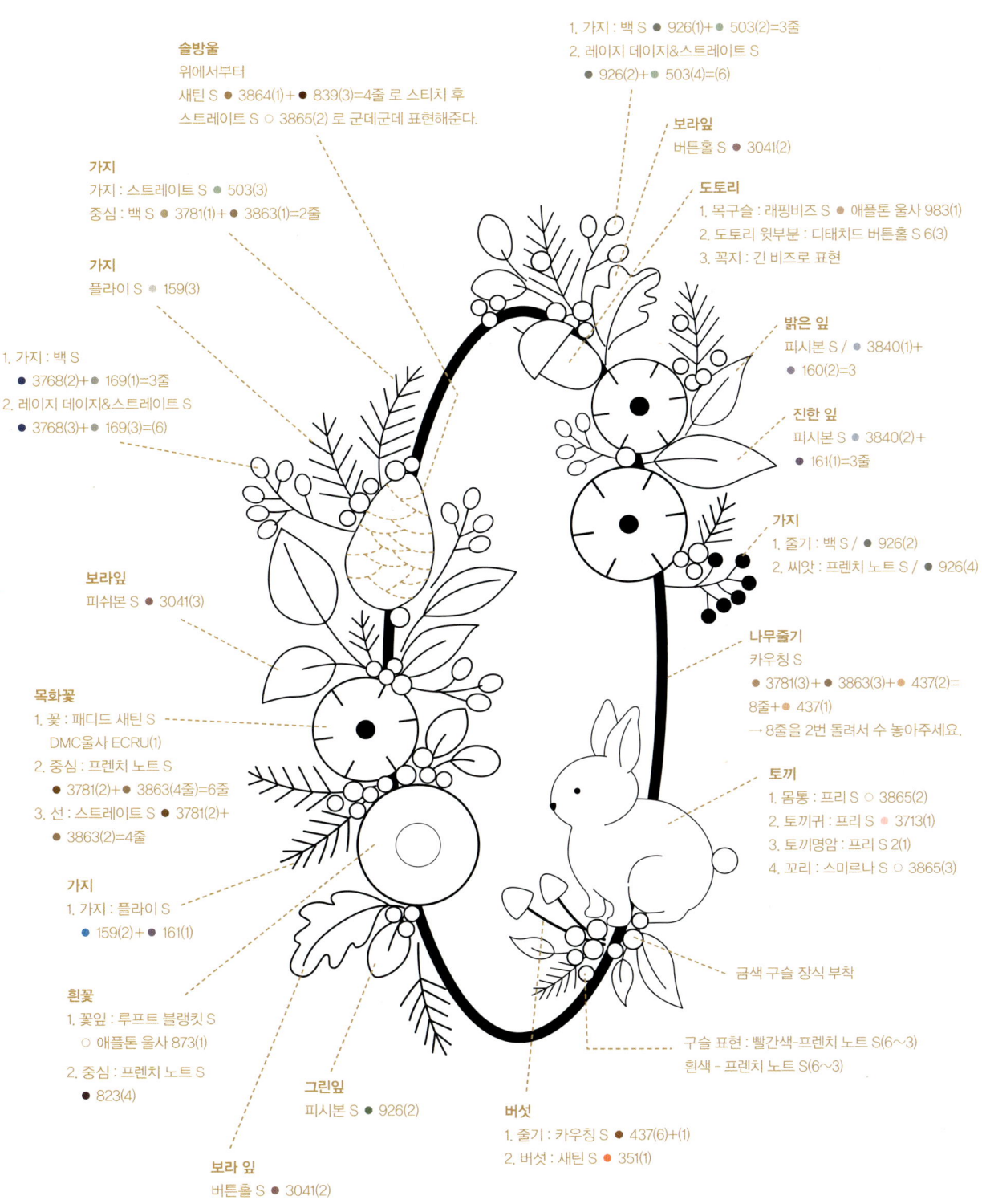

{ 숲속의 토끼 수놓는 법 }

기본 순서

*1_* 스티치 방법을 참고하며 납작한 수부터 놓는다.

*2_* 중심에 있는 나무줄기는 카우칭 스티치로 2번 돌려 수놓아 입체감을 살린다.

토끼

*1_* 얼굴 중심부터 '스티치 방향'을 참고하며 프리 스티치로 수놓는다.

*2_* 얼굴 중심에서 머리, 귀, 몸통 순서로 수놓는다.

*3_* 명암이 들어가는 부분(아래 그림 참고)은 귀는 분홍색, 몸통은 연회색 실로 수놓아 표현한다.

*4_* 꼬리는 스미르나 스티치로 수놓는다.

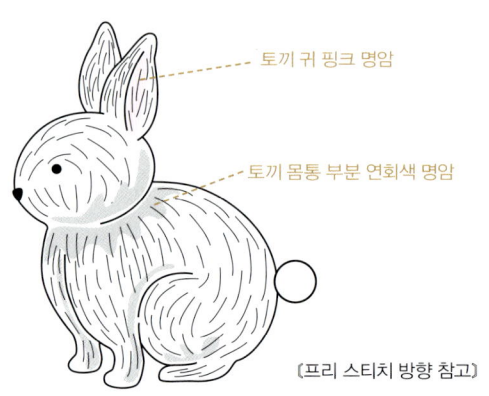

〔프리 스티치 방향 참고〕

목화

*1_* 꽃잎 안쪽을 울사로 먼저 채운다.

*2_* 꽃의 결에 맞춰 새틴 스티치로 ① 위에 수놓아 입체감을 살린다.

*3_* 완성된 꽃 위에 스트레이트 스티치로 목화 모양을 살린다.

*4_* 꽃의 중심을 프렌치 노트 스티치로 수놓고 마무리한다.

솔방울

*1_* 위에서부터 중심 가지를 덮으며 새틴 스티치로 결을 따라 수놓는다.

*2_* 스티치끼리 겹쳐 도톰하게 수놓으면 입체감을 좀 더 살릴 수 있다.

*3_* 스트레이트 스티치로 솔방울의 느낌을 더 살린다.

도토리 몸통: 래핑 비즈 기법

1_ 나무 구슬에 실을 여유 있게 통과시킨 다음 사진과 같이 실을 감기 시작한다.

2_ 손으로 꼼꼼하게 잡아가며 단단하게 감는다.

3_ 몸통을 완성한 모양.

도토리깍정이: 디태치드 버튼홀 스티치

1_ 도토리깍정이가 덮이는 부분을 펜으로 표시한다.

2_ 표시한 곳에 아웃라인 스티치로 기본코를 만든다.

3_ 기본코가 완성된 모양.

4_ 기본코에 디태치드 버튼홀 스티치로 도토리깍정이 모양을 만든다.

5_ 끝으로 갈수록 코를 줄이며 둥근 모양을 잘 살려 완성한다.

도토리 붙이기

*1_* 남은 실을 도토리 아래로 보내 바늘을 끼우고 정확한 위치에 붙인다.

*2_* 도토리 중심 구멍으로 실을 통과시켜 긴 비즈를 이용해 꼭지를 표현한다.

{ 수틀 액자 만드는 법 }

완성 크기 : 11.5×19cm

준비물 : 리넨(흰색), 타원형 수틀, 리본

1_ 수가 완성된 원단을 수틀보다 여유 있는 크기로 자른다.

2_ 여유 원단에 홈질을 한 다음 실을 잡아당겨 수틀 뒤쪽으로 오므리고 사진과 같이 마무리한다.

3_ 수와 어울리는 색의 리본을 수틀에 감아 장식한 후, 수틀 나사 부분을 가릴 리본도 만들어 붙인다.

4_ 리본 끝부분은 뒤로 보내 깔끔하게 정리한다.

5_ 액자 뒷면은 크기와 모양이 같은 원단을 준비해 버튼홀 스티치로 붙인다.

Basic:

자수의 기초

1. 재료와 도구

자수용 실

◇ **자수용 실**

자수용 실은 종류에 따라 굵기와 재질이 다릅니다. 이 책에서는 일반적으로 사용하는 DMC 25번사 외에도 다양한 실을 사용했습니다.

① **DMC 25번사** : 가장 기본적으로 사용하는 자수용 실. 6가닥의 가느다란 면사가 느슨하게 꼬여 있어 도안의 질감 표현과 스티치에 맞춰 필요한 가닥 수만큼 뽑아서 사용할 수 있다. 그러데이션 사, 바리에이션사, 메탈릭사, 레이온사(새틴사) 등 다양한 색상과 재질로 구성되어 있다.

② **DMC 4번사** : 25번사보다 광택이 적고 굵으며 5가닥으로 이루어져 있다. 보통 한 줄을 통째로 사용하지만 가닥 수를 조절해서 사용하기도 한다. 따뜻한 느낌의 입체 수 또는 두꺼운 선을 표현할 때 사용하면 좋다.

③ **DMC 5번사** : 굵은 꼬임이 있는 면사로 두껍게 입체감 있는 수를 놓을 때 좋다. 한 가닥씩 빼서 사용한다.

④ **애플톤(APPLETONS) 울사** : DMC 울사보다 부드럽고 가늘어 다루기에 좋고 세밀하게 표현할 수 있다. 울사는 중성세제로 세탁하거나 드라이클리닝을 하는 것이 좋다.

⑤ **DMC 태피스트리(TAPESTRY) 울사** : 뜨개실 같은 질감이 있어 도톰하고 포근한 느낌을 표현할 때 사용한다.

⑥ **코스모사의 라메실** : DMC 금사, 은사보다 질감이 부드러워 다루기에 좋고, 메탈사 중 색감이 예쁘다.

⑦ **보빈** : 자수용 실을 감는 실패로, 긴 형태와 짧고 작은 형태 등이 있다. 실을 보빈에 감아 사용하면 적당량을 잘라 사용하고 보관하기 좋다.

실 종류에 맞는 바늘 종류와 크기

실 종류	바늘 종류와 크기
DMC 25번사	일반 자수용 바늘 3~9호
DMC 5, 4번사	일반 자수용 바늘 3~5호
애플톤 울사	셔닐 바늘, 일반 자수용 바늘 3호
DMC 태피스트리 울사	셔닐 바늘

◇ **원단**

원단은 소재와 색깔, 무늬가 다양하다. 초보자는 리넨, 광목, 무명 등 늘어나지 않고 바늘이 잘 들어가는 적당한 두께의 원단을 사용하는 것이 좋다. 또한 밝은색 원단을 사용해야 도안이 잘 보인다. 리넨은 재질이 부드럽고 자연스러운 느낌이 자수 실과 잘 어울려 많이 사용하는데, 올이 가늘고 가지런한 것이 좋다.

원단은 먼저 미온수에 담갔다가 말려서 사용하면 수를 놓은 후 세탁했을 때 원단이 수축하는 현상을 방지할 수 있다. 자수에 자신감이 생기면 색과 소재가 다른 여러 원단에 도전해보고, 가끔은 패턴이 들어간 원단으로 포인트를 주면 조금 더 다양한 작품을 만들 수 있다. 이 책에서는 리넨과 광목 등 마와 면 소재의 원단을 주로 사용하고, 소품과 계절의 특성에 맞춰 원단을 선택해 재미를 더했다.

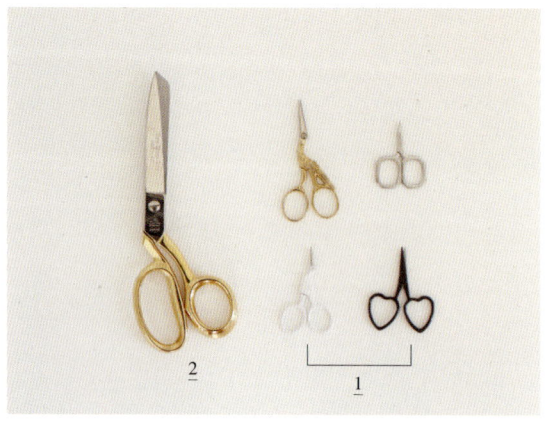

◇ **바늘**

① **일반 자수용 바늘** : 바느질용 바늘보다 바늘귀가 커서 여러 가닥의 실을 사용할 때 실을 꿰기 편하다. 원단을 잘 통과하고 정교한 도안을 표현하기 쉽도록 바늘 끝이 뾰족하다. 기본 프랑스 자수 바늘의 굵기가 3~10호까지 다양한데, 번호가 커질수록 바늘이 가늘고 작아진다. 바늘 굵기는 실의 굵기와 원단의 두께에 맞춰 선택한다.

② **울사용 바늘** : 바늘귀가 굵은 셔닐(chenille) 바늘을 주로 사용한다.

③ **입체 자수용 바늘** : 입체 자수를 놓을 때 프랑스 자수 바늘을 사용해도 되지만, 끝이 뭉툭한 입체자수용 바늘을 사용하면 더 편리하다.

④ **비즈 자수용 바늘** : 비즈 자수는 섬세하게 비즈를 꿰어 수를 놓아야 하므로 바늘귀가 작고 가느다란 비즈자수 전용 바늘을 사용하면 좋다.

◇ **가위**

① **자수용 실 가위** : 끝이 날카롭고 가늘어 실의 단면이 고르게 잘린다. 자수를 뜯어낼 때 사용하기 좋다.

② **재단 가위** : 수를 놓은 천이나 원단을 자를 때 사용한다. 날이 잘 드는 옷감 전용 가위로 준비한다.

◇ **수틀**

수틀은 수를 놓을 때 원단을 팽팽하게 유지시키는 역할을 한다. 수를 곱고 고르게 표현하기 위해서는 원단을 팽팽하게 유지해야 한다. 도안 크기에 맞춰 수틀의 크기를 선택하면 되지만, 10~12cm 크기가 한 손에 잡고 수를 놓기 가장 편하다. 수틀은 나무 수틀, 대나무 수틀, 고무 재질이며 액자로 주로 사용하는 후프, 플라스틱 수틀, 손이 자유로운 입식 수틀 등 다양하다.

수틀

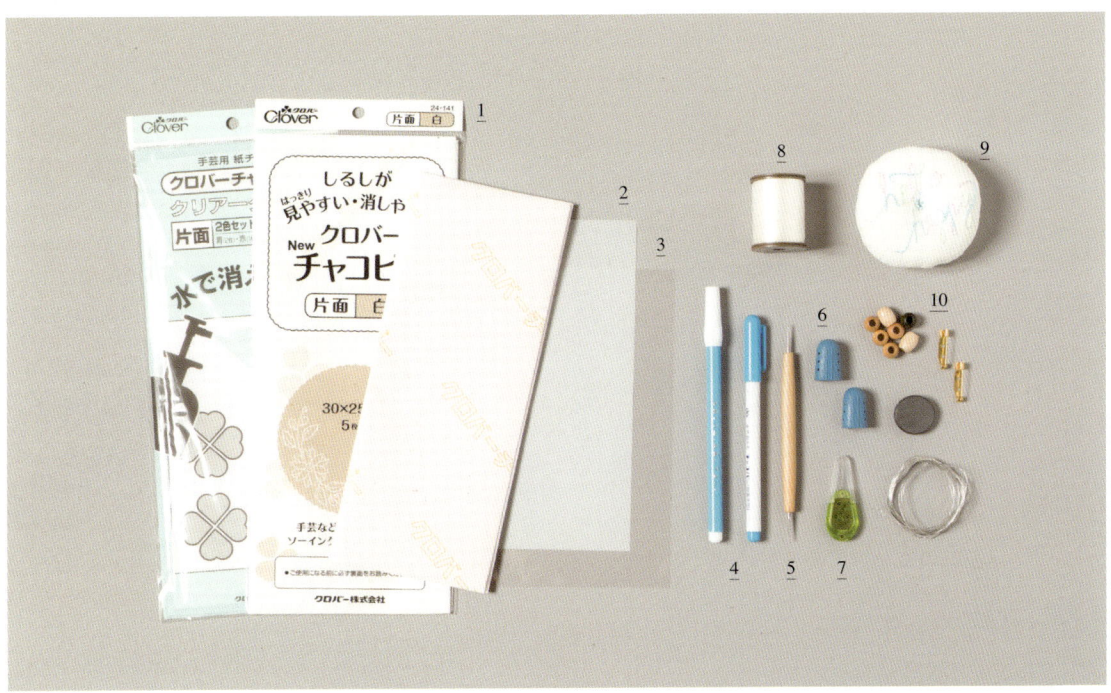

◇ 그 외 도구들

① 초크지(수예용 먹지): 도안을 천에 옮길 때 사용하는데, 물로 지울 수 있는 수성 먹지가 좋다.

② 트레이싱 페이퍼: 비치는 종이로 책에 있는 도안 위에 놓고 도안을 옮겨 그릴 수 있다.

③ 셀로판 종이: 도안을 천에 옮길 때 도안이 찢어지지 않게 보호한다. 색깔이 다양해 원단 색깔에 맞춰 사용하면 된다. (예를 들어, 검은색 천은 흰색 초크지를 사용해야 도안이 잘 보인다.)

④ 수성펜(초크펜): 물에 잘 지워지는 펜으로 원단에 직접 도안을 그리거나 덧그릴 때 사용하면 편리하다.

⑤ 트레이서: 도안을 덧그려 원단에 옮길 때 사용한다. 끝이 둥근 펜으로 대체할 수 있다.

⑥ 고무 골무: 두꺼운 실이나 울사를 사용할 때 바늘이 잘 빠지지 않을 경우 골무를 끼면 편리하다.

⑦ 실꿰기: 다양한 재질의 실을 사용하다 보면 실을 꿰기 어려울 수 있는데, 실꿰기를 사용하면 편리하다.

⑧ 봉제용 실: 자수를 하고 봉제 작품을 만들 때 필요하다.

⑨ 바늘꽂이(핀 쿠션): 프랑스 자수는 수를 놓을 때 다양한 종류의 실을 굵기가 다른 바늘로 바꿔가며 사용하므로 바늘꽂이를 구비해두면 편리하다.

⑩ 다양한 부자재: 나무구슬은 입체 자수를 놓을 때 사용하며 작은 열매 등을 표현하기 좋다. 와이어는 꽃이나 잎을 입체적으로 표현할 때 사용하는데, 이 책에서는 자수 소품을 만들 때 사용했다. 작품 뒷면에 자석을 붙여 냉장고 자석을 만들기도 하고, 핀을 붙여 브로치를 만들 수도 있다. 이 책에서는 다양한 비즈도 사용하는데, 칸막이가 있는 플라스틱 통에 종류별로 보관하면 편리하다.

비즈통

2. 자수 준비하기

◇ **도안 옮기는 법**

*1_* 도안 위에 트레이싱 페이퍼를 올린다.

*2_* 잘 보이는 펜으로 트레이싱 페이퍼에 도안을 옮겨 그린다.

*3_* 사용할 원단을 놓고 도안이 들어갈 정확한 위치에 초크지를 올린 다음 ②의 도안을 올리고 셀로판 종이를 올린다. (순서 : 원단-초크지-도안-셀로판 종이)

*4_* 트레이서(또는 볼이 둥근 볼펜)로 잘 눌러가며 도안을 원단에 옮겨 그린다.

*5_* 잘 안 보이는 부분은 도안을 보고 수성펜으로 덧그린다.

◇ **수틀 사용법**

1_ 나사를 풀어 나사가 있는 틀과 없는 틀을 분리한다.

2_ 2개의 틀 사이에 도안이 완성된 원단을 놓고, 수놓을 곳이 수틀의 중앙에 가도록 원단 위치를 잘 맞춘다.

3_ 원단 위아래의 틀을 잘 맞춰 끼우고 나사로 조인 다음 원단이 팽팽해지도록 바깥쪽으로 골고루 잡아당긴다. 원단이 팽팽해야 수가 곱게 놓인다.

4_ 수틀의 나사 부분을 드라이버로 좀 더 꼼꼼하게 조이며 수를 놓으면 원단이 헐렁해지는 것을 방지할 수 있다.

5_ 원단을 수틀에 잘 끼운 모습.

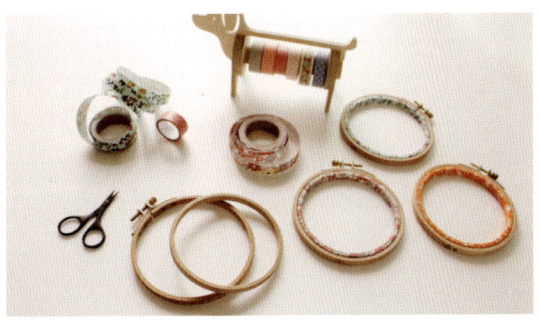

TIP. 수틀에 패브릭 테이프를 감아 사용하면 원단에 수틀 자국이 덜 남고, 원단이 잘 미끄러지지 않아 편하다. 또한 자기만의 개성이 담긴 수틀로 자수하는 즐거움을 더할 수 있다.

◇ **바늘에 실 꿰는 법**

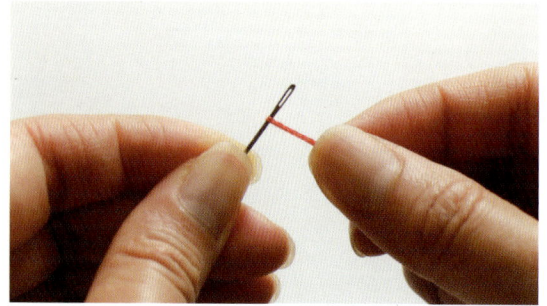

*1_* 사진처럼 실을 바늘의 납작한 면에 건다.

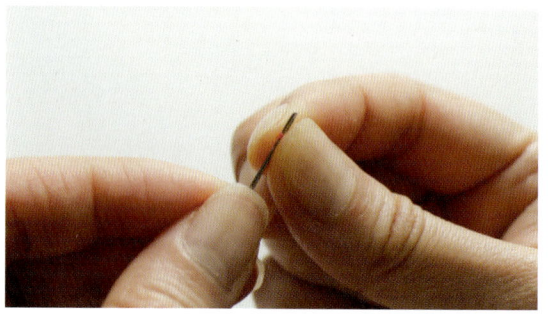

*2_* 걸어놓은 실을 엄지와 검지로 잡고 바늘을 뺀다.

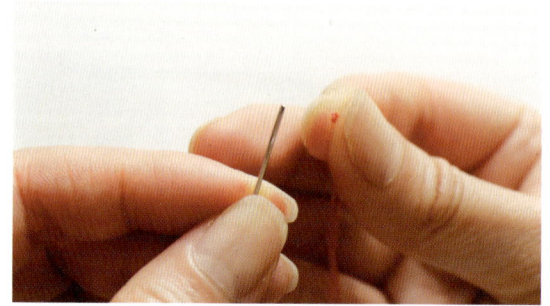

*3_* 손가락을 천천히 조금만 벌리며 꽉 잡아 접힌 실을 바늘귀 가까이에 댄다.

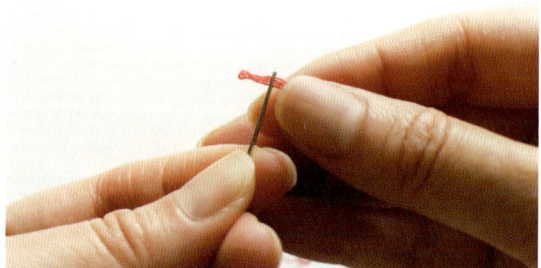

*4_* 접힌 실을 바늘귀에 조심히 밀어넣는다.

◇ **실매듭 짓는 방법**

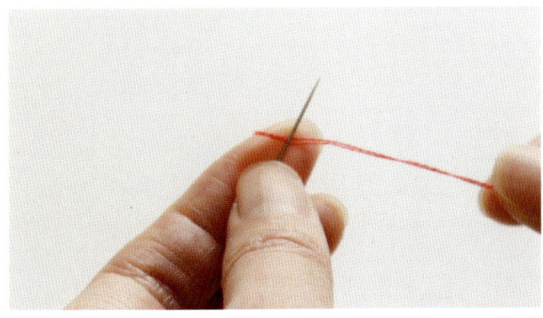

*1_* 실의 한쪽 끝에 바늘을 올리고, 실과 바늘을 한 번에 꾹 눌러 잡는다.

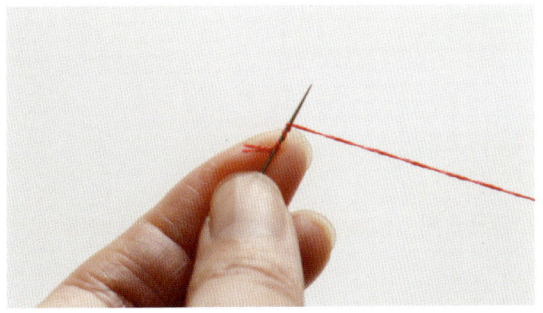

*2_* 실과 바늘을 함께 잡은 상태에서 바늘에 실을 감는다. 실을 많이 감을수록 매듭이 두꺼운데, 실의 굵기에 따라 1~3회가 적당하다.

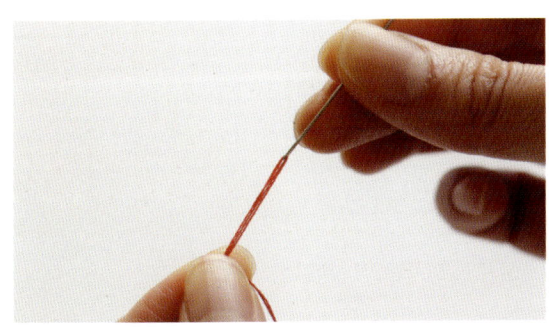

*3_* 감긴 실을 손가락으로 잘 잡고, 다른 손으로 바늘을 위로 뺀다.

*4_* 감긴 실을 잡은 쪽에 매듭이 만들어진다.

3. 자수 마무리하기

◇ **세탁하는 법**

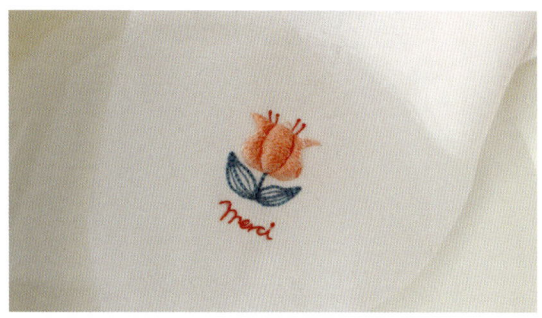

*1_* 도안을 수성 먹지로 옮겼거나 수성펜으로 진하게 그렸을 경우, 먼저 미지근한 물에 완성된 작품을 조심스레 넣고 15분 정도 담가둔다. 잘 지워지지 않는 부분은 부드러운 스펀지에 세제를 묻혀 살살 두드리며 지운다. 울사는 중성세제로 세탁하거나 드라이클리닝을 하는 것이 좋다.

*2_* 세탁한 작품은 구기지 말고 조심스레 몇 번 헹군다. 손으로 힘주어 짜지 말고 평평하게 눕혀 말리거나 한 방향으로 정돈해 통풍이 잘되는 곳에서 말린다.

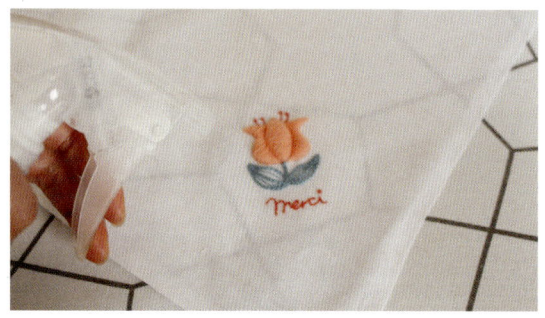

*3_* 수성펜으로 연하게 그린 자국이라면 분무기로 물을 뿌리면 지워진다.

◇ **다림질하는 법**

*1_* 세탁한 작품이 덜 마른 상태에서 다림질하면 더 잘 다려진다. 다림판 위에 덜 마른 작품을 뒤집어 올려두고 다리는데, 가능하면 자수 부분은 피한다.

TIP. 작품의 정면 자수 부분을 다리미로 눌러 다리면 안 된다. 자수의 입체감이 사라질 수 있다.

*2_* 완성된 작품을 정면에서 한 번 더 조심스레 다리는데, 이때도 자수 부분은 피한다.

4. 이 책에서 사용한 스티치

1. 스트레이트 스티치(Straight Stitch)
자수의 가장 기본적인 스티치로 선을 한 땀으로 표현할 때 주로 사용합니다.

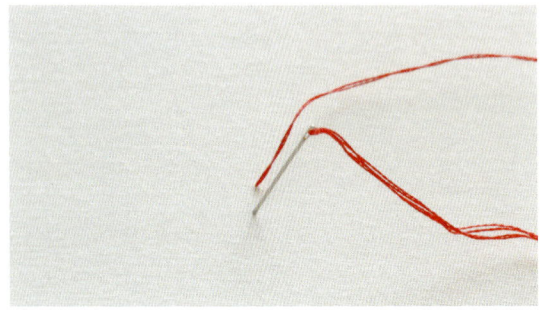

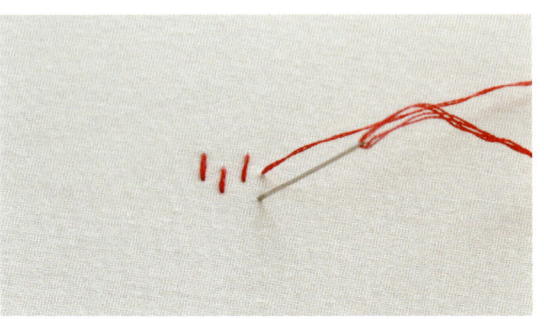

*1_* 시작점에서 나와 원하는 길이만큼 한 땀을 놓는다.

*2_* 완성된 모습. 바늘땀의 방향이나 길이, 늘어놓는 방법에 따라 다양한 무늬의 수를 놓을 수 있다.

2. 러닝 스티치(Running Stitch)
선을 표현하는 기초 스티치로 도안의 선을 따라 일정한 간격으로 수놓아 표현하는 방법입니다.

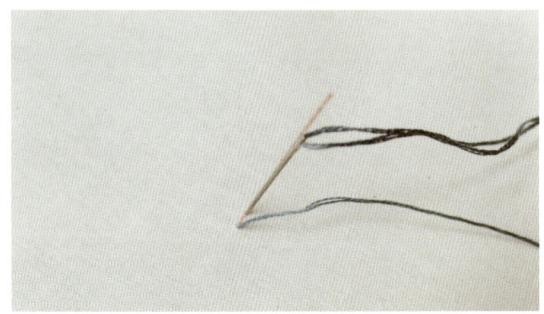

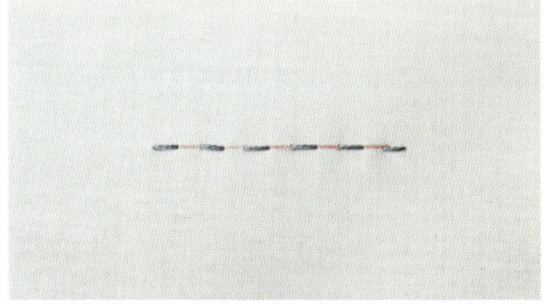

*1_* 시작점에서 나와 도안을 따라 원하는 길이의 한 땀을 놓는다.

*2_* 일정한 간격으로 다음 스티치를 수놓아 완성한다.

※ 다닝 스티치(Darning Stitch)
러닝 스티치를 응용한 스티치로, 러닝 스티치보다 땀 사이의 간격을 좁게 수놓아 좀 더 리듬감 있게 표현합니다. 주로 면을 채울 때 사용합니다. 이 책에서는 러닝 스티치를 다닝 스티치처럼 땀사이의 간격을 좁게 놓기도 했습니다.

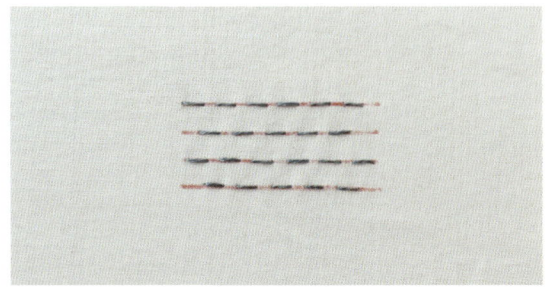

3. 백 스티치(Back Stitch)

글씨나 간결한 선을 깔끔하게 표현하기 좋은 스티치입니다. 온박음질과 같은 방법으로 한 땀만큼 되돌아가면서 수를 놓습니다.

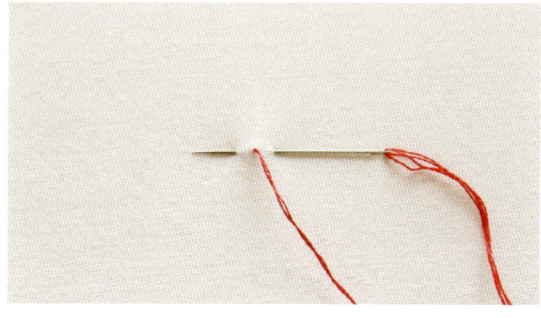

*1_* 시작점 한 땀 앞에서 시작해 한 땀만큼 되돌아가면서 수를 놓는다.

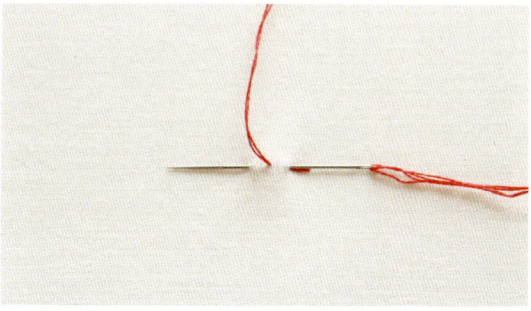

*2_* 이때 땀과 땀 사이에 간격이 생기지 않도록 바늘땀을 붙여가며 반복적으로 수를 놓는다.

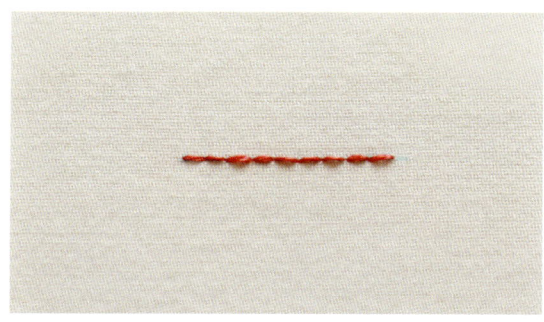

*3_* 완성된 모습. 백 스티치는 도안의 선을 잘 따라 수를 놓아야 하고, 땀의 길이를 일정하게 유지해야 고운 수가 표현된다.

4. 아웃라인 스티치(Outline Stitch)

여러 형태의 선을 표현할때 대표적으로 사용하고, 면을 곱게 채울 때도 사용할 수 있는 스티치입니다.

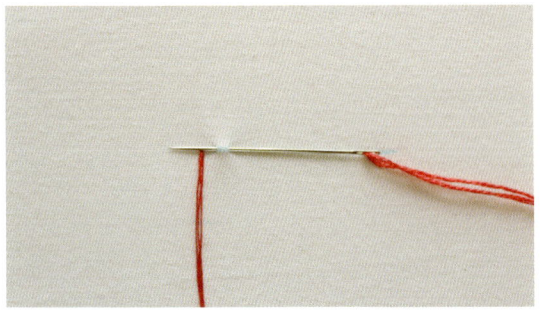

1_ 시작점에서 바늘을 빼 실을 아래로 내린 후 한 땀 길이 만큼 앞으로 수를 놓고, 바로 반 땀 뒤로 되돌아가 수를 놓는다.
TIP. 시작점에서 나온 후 실의 방향은 위나 아래 한 방향으로만 유지하는 것이 좋다

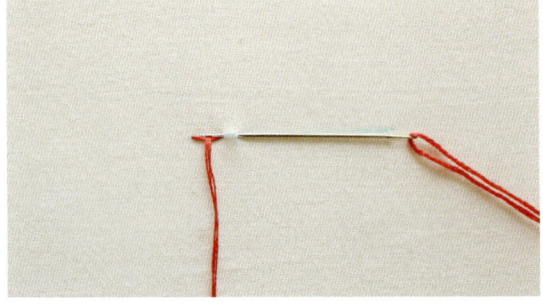

2_ 한 땀 앞으로 갔다가 반 땀 뒤로 되돌아가는 방법을 반복하며 균일한 간격으로 수를 놓는다.

3_ 균일한 간격의 한 땀을 앞으로 꽂아 전진하고, 앞의 땀이 끝난 지점으로 반 땀 정확하게 되돌아가는 과정을 반복한다.

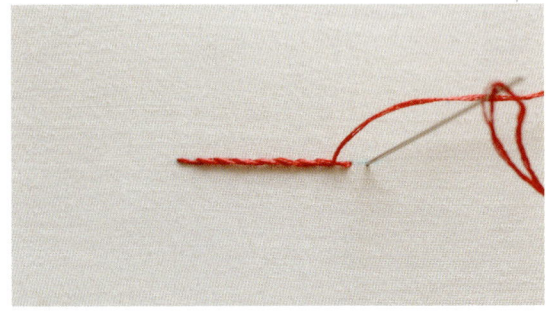

4_ 도안 끝까지 균일하게 스티치를 해 마무리한다.

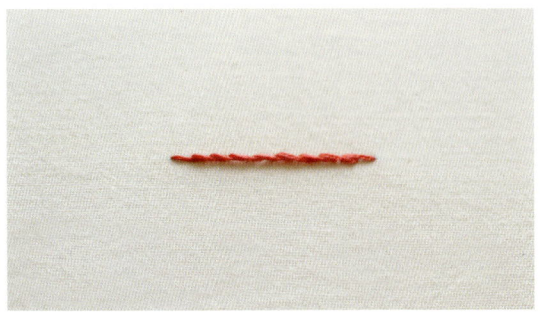

5_ 완성된 모습. 아웃라인 스티치는 실이 느슨하지 않고 원단에 밀착되도록 실을 일정하게 잡아당겨 수를 놓아야 수가 곱게 표현된다.

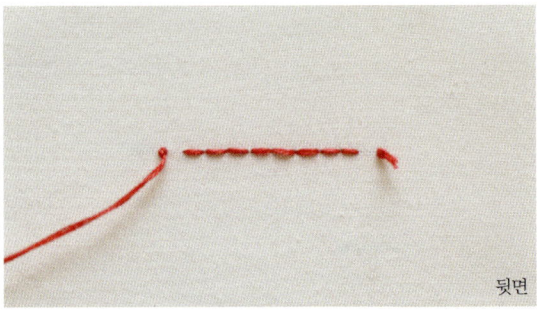

6_ 아웃라인 스티치의 뒷면이 백 스티치 모양이 되면 맞게 놓은 것이다.

각 도안에 맞는 아웃라인 스티치

◇ **직각일 때**

*1_* 선이 직각으로 꺾이는 부분까지 아웃라인 스티치를 한 다음, 뒷면으로 바늘을 빼서 땀 한두 개 사이로 실을 통과시킨다.

*2_* 다시 앞으로 실을 통과시켜 뒷면 첫 땀으로 돌아가 바늘을 앞으로 뺀다.

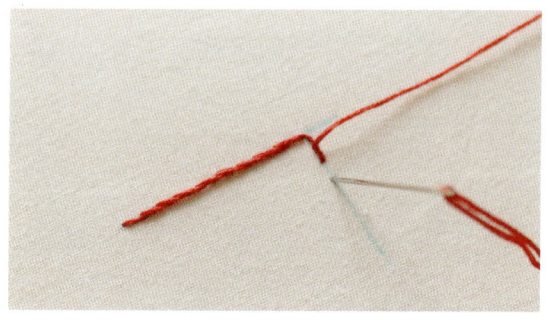

*3_* 앞면의 직각이 꺾이는 첫 부분에서 다시 아웃라인 스티치를 반복한다.

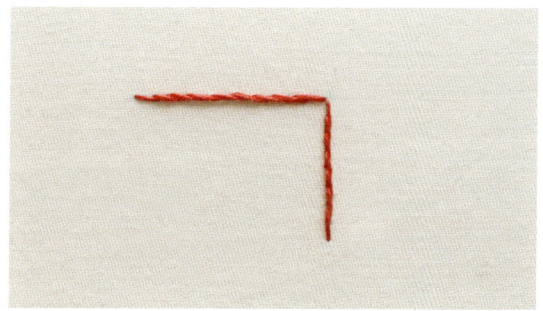

*4_* 완성된 모습. 꺾이는 부분을 주의해서 수를 놓아야 깔끔하다.

◇ **곡선일 때**

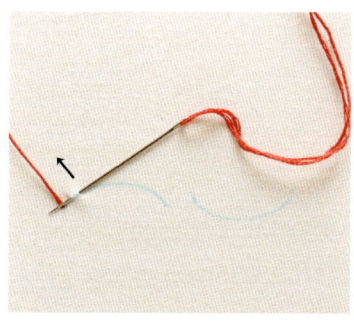

*1_* 도안의 곡선이 위로 향할 때는 시작점에서 바늘을 빼고 실을 위로 올린 후 수를 놓는다.

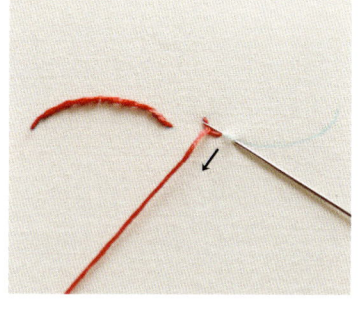

*2_* 도안의 곡선이 아래로 향할 때는 시작점에서 바늘을 빼고 실을 아래로 내린 후 수를 놓는다.

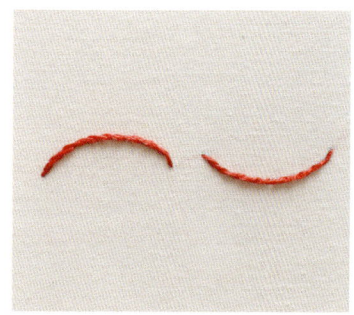

*3_* 완성된 모습.

5. 크로스 스티치(Cross Stitch)

스트레이트 스티치를 X자 모양으로 실을 교차시켜 수놓는 스티치입니다. 연속해서 놓기도 하고, 하나씩 놓아 개성 있게 표현하기도 합니다.

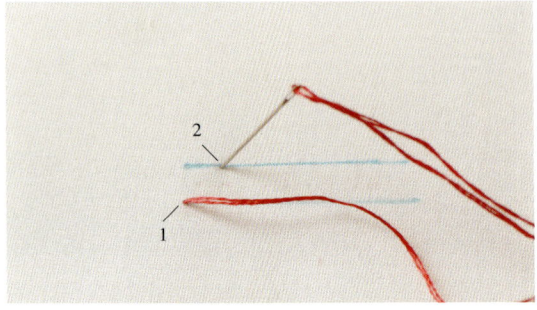

*1_* 스티치의 아래 시작점(1)에서 실을 빼고, 사선 모양이 되도록 2로 넣는다.

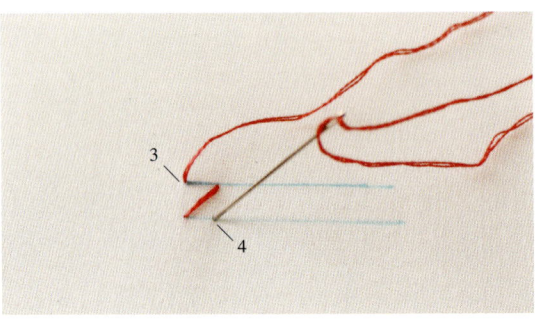

*2_* 3으로 나와서 4로 들어가 X자 모양을 완성한다.

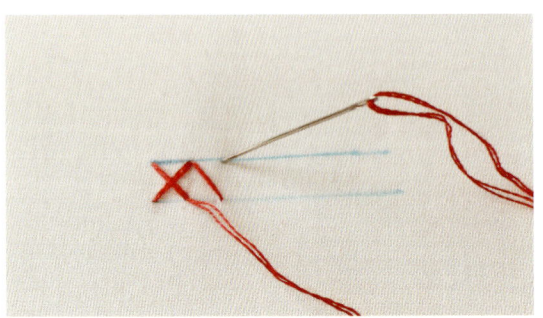

*3_* 같은 방법으로 반복해서 수를 놓는다.

*4_* 수를 연속해서 표현해도 되고, 한 스티치씩 단독으로 표현해도 된다.

6. 체인 스티치(Chain Stitch)

사슬처럼 고리를 연결하며 수를 놓는 방법으로, 굵은 선을 표현하거나 면을 채울 때 적합한 스티치입니다.

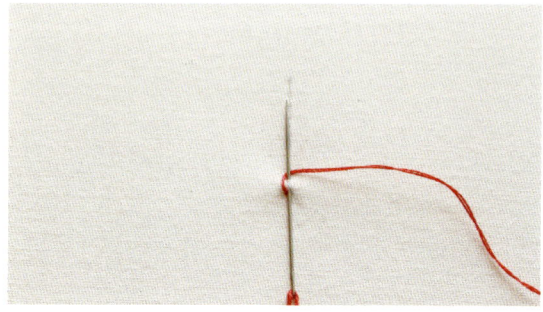

*1_* 시작점에서 나온 다음 다시 시작점으로 들어가 한 땀을 뜬다. 이때 실을 바늘 뒤로 건다.

*2_* 실을 바늘 뒤에 건 상태에서 바늘을 뺀다.

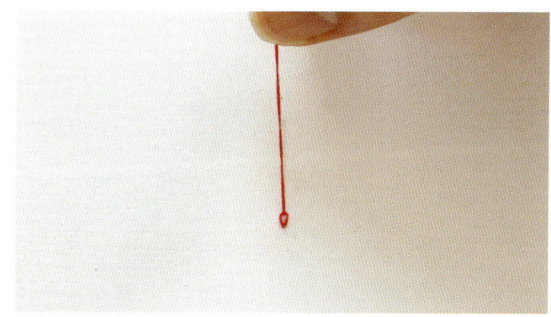

*3_* 이때 실을 반드시 위로 당겨야 하는데, 고리의 모양이 둥근 형태를 유지할 만큼만 당겨 체인 모양이 균일하고 예쁘게 유지되게 한다.

*4_* 두 번째 체인부터는 고리의 안쪽에서 한 땀 뜬 다음 ① ~③과 같은 방법으로 체인을 만든다.

*5_* 마지막 스티치는 고리 밖으로 걸어 고정하고 스티치를 마무리한다.

*6_* 완성된 모습. 땀의 크기를 균일하게 유지하고, 고리 모양을 균일한 크기로 잡아당겨야 곱고 일정한 체인 스티치가 완성된다.

7. 휘프트 체인 스티치(Whipped Chain Stitch)

체인 스티치에 다른 실로 한번 더 휘감아 볼륨감을 주는 스티치입니다. 개성과 질감 있는 선을 표현하기 좋으며, 색이 다른 실을 사용하면 좀 더 효과적으로 표현됩니다.

*1_* 체인 스티치로 수를 놓는다.

*2_* ①과 다른 색의 실로 체인 스티치 시작점보다 약간 앞쪽으로 실을 뺀다.

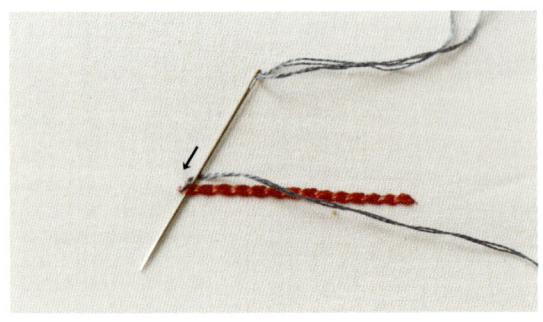

*3_* 시작점에서 뺀 바늘을 거꾸로 잡고 체인 스티치의 첫 땀부터 한 방향으로 통과해 감는다.
TIP. 바늘 끝 쪽으로 넣으면 실 사이를 통과하면서 실이 꼬일 수 있다.

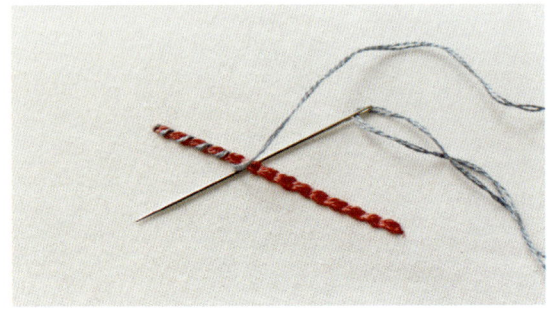

*4_* 처음부터 끝까지 한 방향으로 휘감는다.

*5_* 마지막 체인 스티치의 약간 뒤쪽에 바늘을 넣고 빼서 완성한다.

*6_* 완성된 모습.

8. 프렌치 노트 스티치(French Knot Stitch)

매듭을 이용한 스티치로 씨앗이나 점을 표현하기 좋고, 면을 채워 풍성한 효과를 내기 좋은 스티치입니다. 자수 실의 가닥수를 조절해 매듭의 크기를 정할 수 있습니다.

*1_* 시작점에서 바늘을 빼고, 나온 실을 한 손으로 잡고 바늘에 감는다.

*2_* 바늘에 실을 감을 때는 실의 굵기에 맞춰 2~3회 정도 감는 게 적당하다.
TIP. 프렌치 노트의 크기를 크게 만들 경우 실을 많이 감는 것보다는 실의 가닥수를 늘리는 게 수가 예쁘다.

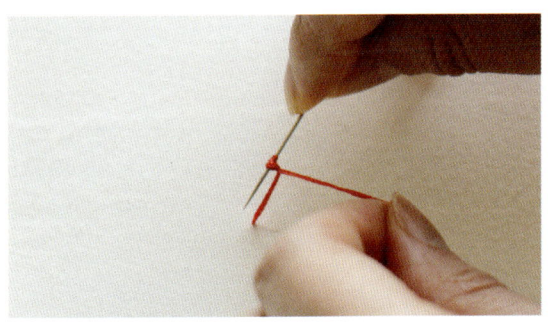

*3_* 바늘에 실을 감은 상태로 시작점과 아주 가까운 곳에 바늘을 꽂는다.

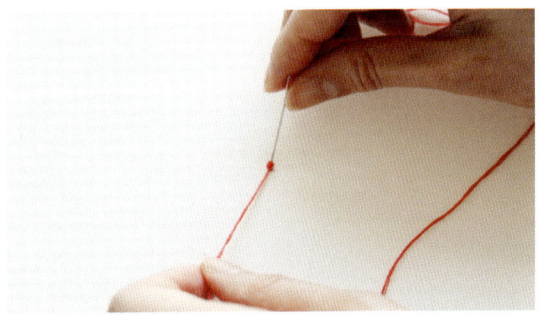

*4_* 꽂아둔 상태로 바늘 끝에 감긴 실을 살짝 당겨 프렌치 노트의 모양을 잡는다.

*5_* 그 상태에서 잡고 있는 실을 놓지 말고 바늘을 원단 아래로 뺀다.

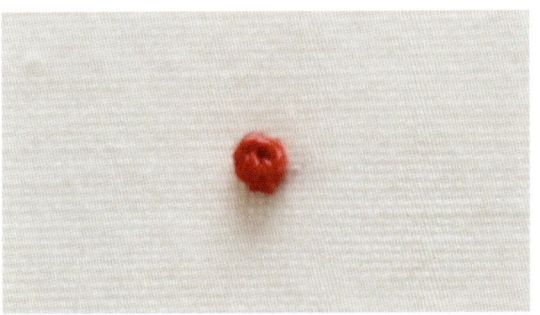

*6_* 완성된 모습. 바늘을 조심스럽게 빼면 작고 귀여운 프렌치 노트 스티치가 완성된다.

9. 레이지 데이지 스티치(Lazy Daisy Stitch)

꽃잎을 만드는 기본 스티치로 작은 나뭇잎을 수놓을 때도 사용합니다. 한데 모아 꽃 모양을 만들거나 하나씩 분산시켜 다양한 모양을 만들기 좋습니다.

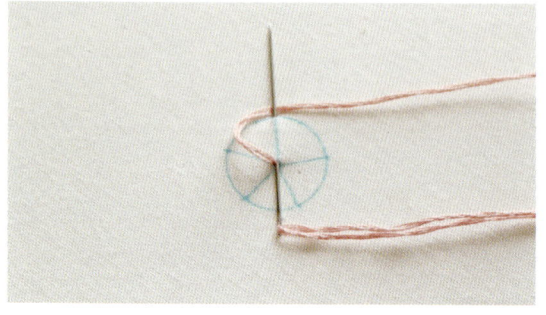

*1_* 잎 아랫부분 시작점에서 바늘을 빼고 실의 방향을 위로 향하게 한 후, 시작점으로 다시 들어가 잎의 길이만큼 바늘땀을 뜬다.

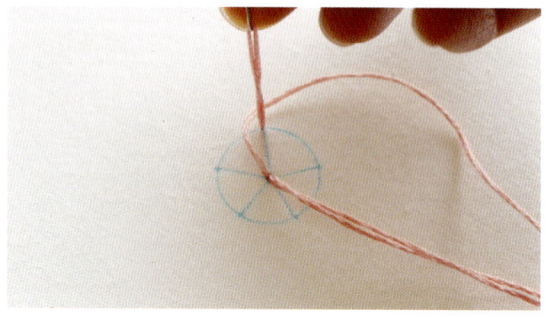

*2_* 실이 걸린 상태에서 바늘을 잎의 끝으로 뺀다.

*3_* 이때 잎의 모양이 유지되도록 힘을 조절하며 실을 당긴다.

*4_* 적당한 모양으로 잎 하나가 만들어지면 잎의 윗부분을 작은 고리로 고정해 하나의 잎을 완성한다.

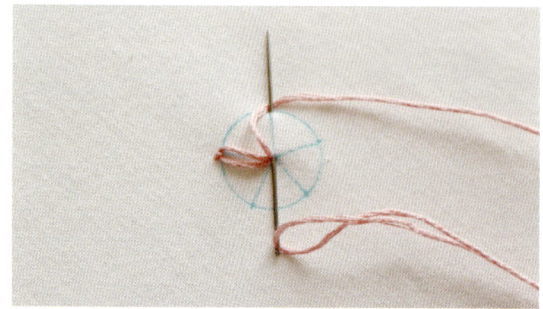

*5_* 꽃을 만들 때는 꽃의 중심에서부터 ①~④와 같은 방법으로 꽃잎을 하나하나 만든다.

*6_* 완성된 모습. 꽃잎의 개수, 크기, 실의 굵기를 조절하며 다양한 꽃을 표현할 수 있다.

10. 레이지 데이지&스트레이트 스티치(Lazy Daisy & Straight Stitch)

레이지 데이지 스티치를 위로 1~2회 덮어씌우는 스티치로, 볼륨감 있는 잎이나 타원 모양의 작은 잎 등을 표현하기 좋습니다.

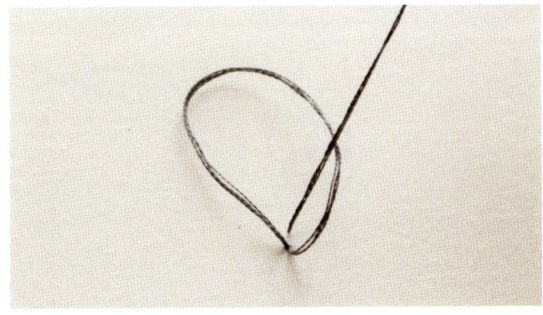

*1_* 레이지 데이지 스티치와 같은 방법으로 시작해 레이지 데이지 스티치보다 작은 꽃잎을 만든다.

TIP. 레이지 데이지&스트레이트 스티치는 큰 잎을 만드는 방법이 아니기 때문에 바늘땀을 너무 크게 뜨면 예쁘게 표현되지 않는다.

*2_* 이때 잎의 모양이 작게 나오도록 조금 힘을 줘서 잡아 당겨 작은 잎을 만든다.

*3_* 작은 잎이 완성되면 레이지 데이지 스티치처럼 잎의 윗부분을 고리로 고정한다.

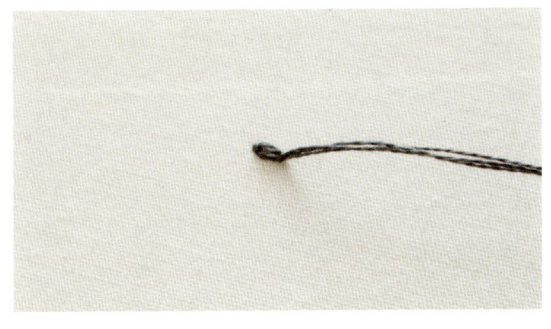

*4_* 잎의 아래 시작점으로 다시 바늘을 뺀다.

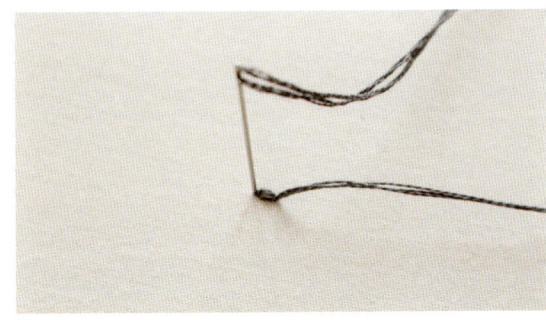

*5_* 시작점으로 다시 나온 실을 잎 위로 덮고 잎 고리 쪽으로 들어가 마무리한다.

*6_* 볼륨감 있는 잎 하나가 완성된다.

TIP. 이 스티치도 한데 모아 꽃을 만들거나 분산시켜 볼륨감 있는 잎들을 표현할 때 유용하다. 단, 볼륨감 있는 표현을 할 때 적합하므로 너무 가는 실을 쓰지 않는 것이 좋다.

11. 플라이 스티치(Fly Stitch)

영문 Y자 모양의 스티치로 풀잎이나 나뭇가지를 표현하기 좋습니다.

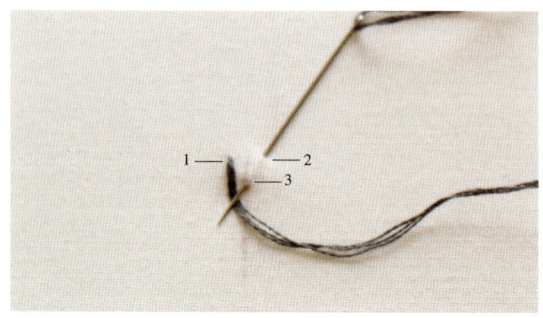

1_ 시작점 1에서 나와 1의 수평 지점에 있는 반대쪽 2로 들어간 다음 1과 2의 중심 아래 3으로 뺀다. 이때 3으로 빠지는 바늘 뒤로 실이 걸리게 한다.

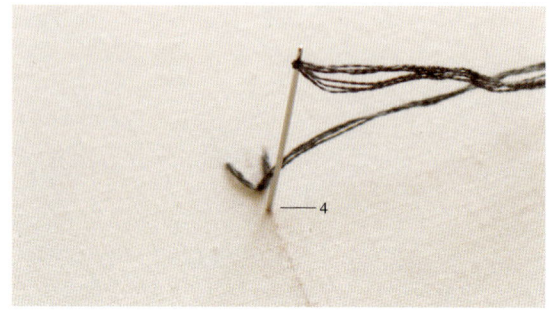

2_ V자가 된 상태에서 수직으로(4지점) 내려 꽂는다.

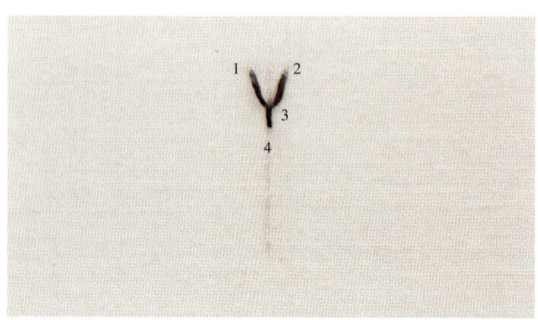

3_ Y자 모양을 만들어 플라이 스티치 하나를 완성한다.

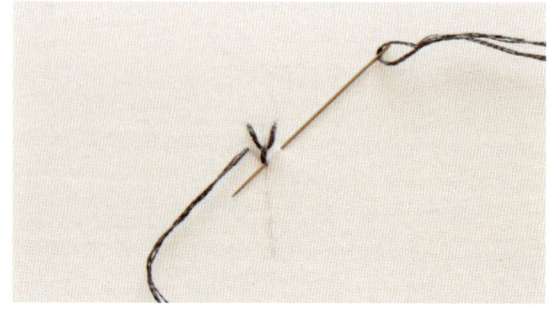

4_ ①~③과 같은 방법으로 두 번째 시작점의 한쪽에서 나온 뒤 반대쪽으로 들어가서 첫 스티치 Y자 아래 끝으로 정확하게 빼야 스티치가 깔끔하게 연결되어 예쁘게 표현된다.

5_ 위와 같은 방법으로 반복해서 수를 놓는다.

6_ 완성된 모습. 실의 굵기로 조절하면 다양한 가지나 풀잎들을 표현하기 좋다.

12. 버튼홀 스티치(Buttonhole Stitch)

단춧구멍 끝처리를 하는 스티치로, '블랭킷 스티치'라고도 합니다. 올 풀림을 방지할 때 원단의 가장자리에 이용하기도 합니다.

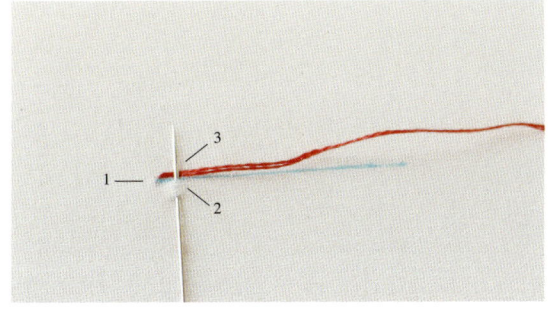

*1_* 1에서 실을 빼고 2로 들어가 3으로 한 땀을 뜬다. 이때 실을 바늘 뒤에 놓는다.

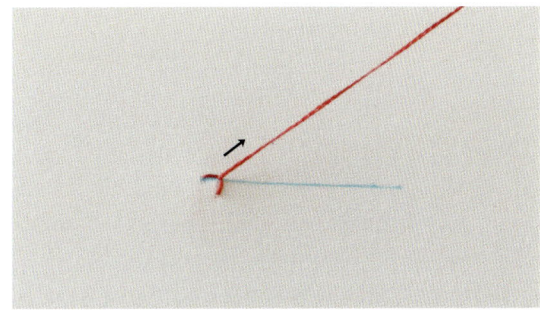

*2_* 실이 뒤에 있는 상태에서 바늘을 스티치의 뒤쪽으로 당겨 뺀다.

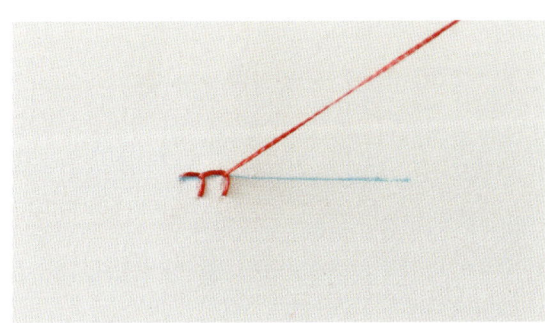

*3_* 같은 방법으로 반복하며 수를 놓는다. 땀의 간격을 고르게 한다.

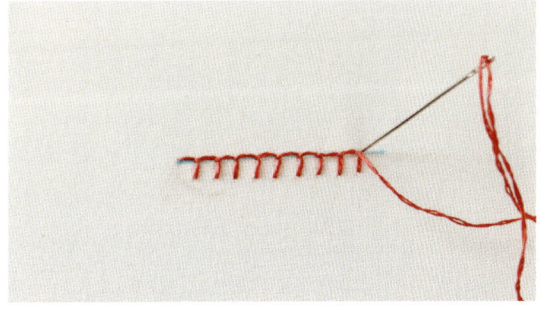

*4_* 마지막 스티치를 완성한 후 바로 뒤쪽에 바늘을 찔러 넣어 마지막 스티치를 고정하고 마무리한다.

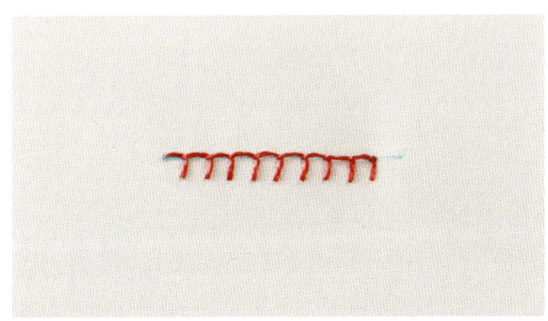

*5_* 완성된 모습.

13. 피시본 스티치(Fishbone Stitch)

생선뼈 같은 형태로 중심을 조금씩 겹치면서 면을 채우는 스티치로, 나뭇잎을 표현하기 좋습니다.

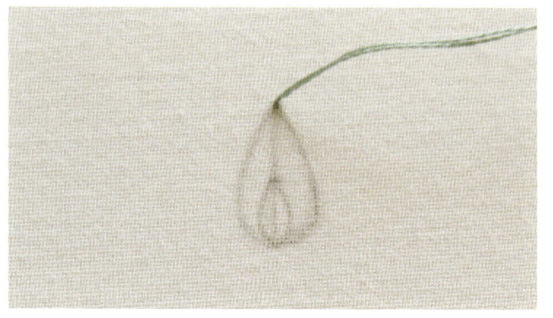

*1*_ 나뭇잎 도안 중심 위에서 시작해 바늘을 뺀다.

*2*_ 그 상태에서 스트레이트로 잎의 중심을 먼저 수놓는다.

*3*_ 나뭇잎 위부터 중심 스티치를 사이에 두고 한쪽 면에서 뺀다.

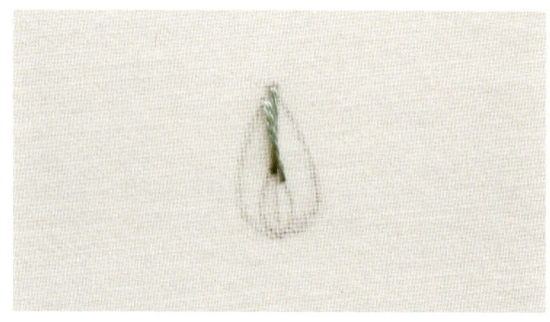

*4*_ 중심 스티치를 기준으로 두고 대각선 방향으로 중심 스티치 아래쪽에 꽂아 뺀다.

*5*_ 반대편 스티치도 같은 방법으로 대각선으로 엇갈리게 수놓는다.

*6*_ ①~⑤와 같은 방법으로 중심 스티치 양쪽을 한 번씩 번갈아 반복하며 대각선으로 엇갈리게 수놓아 나뭇잎을 채운다.

7_ 촘촘하게 수를 놓으면 섬세한 나뭇잎이 완성된다.
TIP. 실의 굵기를 조절하면 다양한 느낌의 나뭇잎을 표현하기 좋다.

14. 새틴 스티치(Satin Stitch)

면을 채우는 가장 기본적인 스티치입니다. 바늘땀을 평행으로 잘 맞춰서 수를 놓아야 매끄럽고 단정하게 면이 채워집니다.

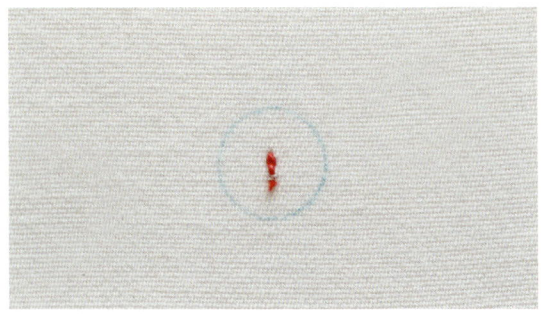

*1_* 매듭을 도안 안쪽에 지어 숨기면 뒷면에 매듭이 보이지 않아 깔끔하게 마무리할 수 있다.

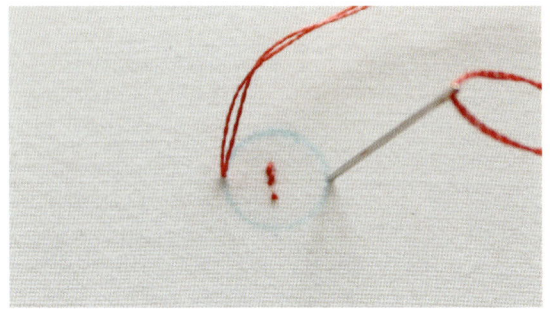

*2_* 둥근 형태의 새틴은 도안 가운데를 먼저 직선으로 가지런히 수놓아 시작한다.

TIP. 이때 실의 결은 도안의 짧은 방향 쪽으로 수를 놓는다. 새틴 스티치는 선이 길게 메워지면 수가 떠서 매끄럽지 않게 표현된다.

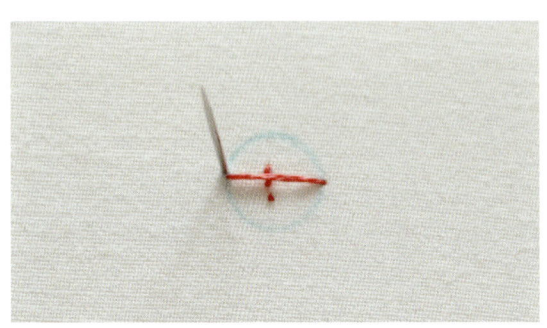

*3_* 중심을 잡고 먼저 원하는 반쪽을 실의 각도를 잘 맞춰 꼼꼼하게 채운다.

*4_* 나머지 반쪽도 기준선과 평행이 되도록 각도를 잘 맞춰 채운다.

*5_* 완성된 모습. 새틴 스티치는 방법은 간단하지만 도안을 따라 깔끔하게 수놓기가 어려울 수 있다. 가지런하고 꼼꼼하게 한 땀 한 땀 신경 써서 수를 놓아야 한다.

TIP. 새틴 스티치처럼 면을 채우는 스티치는 마지막 스티치를 놓고 뒷면에서 매듭을 지은 후, 뒷면 스티치 속으로 실을 숨겨 마무리하면 매듭이 보이지 않아 앞뒷면 모두 깔끔하다.(204쪽 자수의 매듭 처리법 참고.)

Basic.

15. 패디드 새틴 스티치(Padded Satin Stitch)

도안의 안쪽을 채워 더 볼록해 보이도록 표현하는 입체형 새틴 스티치입니다.

*1_* 도안 안쪽에서 매듭을 시작해 도안선의 약간 안쪽을 백 스티치로 수놓아 준비한다.

*2_* 도안 안쪽을 스트레이트 스티치로 채우는데, 계획한 새틴 스티치의 방향과 반대로 수놓는다.
TIP. 원하는 입체감만큼 스티치를 채운다.

*3_* ②의 스티치 방향과 반대로 ①의 백 스티치를 덮으며 새틴 스티치를 가지런하게 놓는다.

*4_* 입체적인 새틴 스티치가 완성된다.

이 책에서 잎을 표현하는 방법

1. 피시본 스티치

피시본 스티치로 잎을 표현합니다.

2. 버튼홀 스티치

버튼홀 스티치로 잎의 면을 채워 표현합니다.

1_ 원하는 잎의 도안을 그리고, 잎의 결 방향으로 중심 아래 한쪽 면부터 버튼홀 스티치를 시작한다.

2_ 스티치 간격을 촘촘하고 일정하게 채워나간다.

3_ 사진처럼 중심을 스티치하면서 다른 한쪽도 채운다.

4_ 완성된 모습.

3. 새틴 스티치

피시본과 비슷하지만, 새틴 스티치로 잎의 면을 채워 표현합니다.

1_ 원하는 잎의 도안 안에 중심을 가르고, 양쪽 잎을 사진처럼 잎의 결 각도를 생각해서 면을 나눈다.

2_ 잎의 결을 매끈하게 채우기 위해 한쪽씩 순차적으로 새틴 스티치를 한다.

3_ 반대쪽도 같은 방법으로 새틴 스티치로 완성한다.

4_ 완성된 모습.

16. 롱 앤드 쇼트 스티치(Long and Short Stitch)

길고 짧은 스트레이트 스티치를 번갈아 수놓으며 면을 채우는 방법입니다. 그러데이션을 이용해 자수의 색감을 풍부하게 표현하기 좋습니다. 실의 길이나 수놓는 방향에 따라 그림의 분위기가 달라지기 때문에 도안의 특성에 맞게 수를 놓아야 곱게 표현됩니다. 이 책에서는 정형적인 형태와 비정형적인 형태에서 각기 다르게 수놓는 방법을 소개합니다.

◇ **정형적인 형태(사각)**

*1_* 도안 안에 스티치의 단계를 그려두면 수를 놓기가 더 쉽다.

*2_* 첫 번째 단의 한쪽 끝에서 스트레이트 스티치로 길게 (롱) 한땀 수놓는다.

*3_* ②의 롱 스티치 바로 옆에 붙여서 짧은(쇼트) 스트레이트 스티치로 두번째 수를 놓는다.

*4_* ②~③과 같은 방법으로 반복해서 첫 단계를 완성한다.

*5_* 중간 단계에서는 앞서 완성한 짧은 스티치 부분 아래쪽만 짧은 스티치로 채운다.

*6_* 마지막 단계는 롱 스티치와 쇼트 스티치를 반복해서 남은 면을 채워 완성한다.

*7_* 완성된 모습. 롱 앤드 쇼트 스티치로 단계별로 색을 조절해서 완성하면 색을 부드럽게 표현하기 좋다.

◇ 비정형적인 형태(꽃잎)

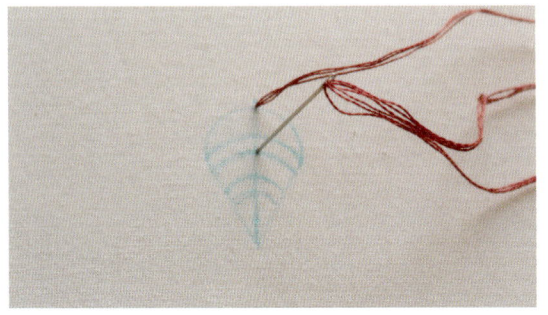 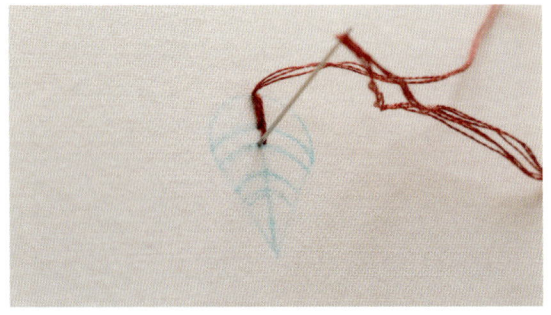

*1*_ 도안에서 표현하고자 하는 색을 생각하고 단계를 표시한다.

*2*_ 꽃잎이나 둥근 모양은 도안의 중심에서 수놓기 시작해 스티치가 균등하도록 방사형으로 수를 놓아야 곱게 표현된다. 롱 스티치와 쇼트 스티치를 번갈아가며 첫 단계 한쪽 면을 먼저 채운다.

 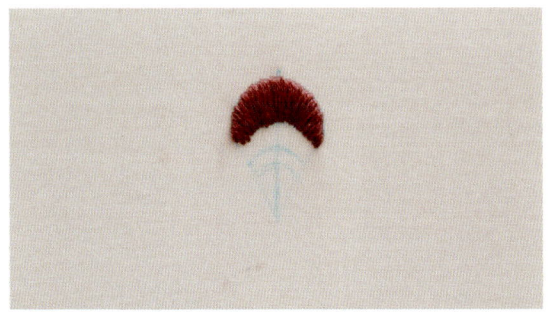

*3*_ 한쪽 면을 채우고, 첫 단계 반대편도 중심부터 롱 앤드 쇼트 스티치로 채워나간다.

*4*_ 양쪽의 스티치 대칭이 잘 맞도록 스티치의 방향을 고려하며 수를 놓는다.

*5*_ 두번째 단계도 중심부터 롱 앤드 쇼트 스티치로 채운다.

*6*_ 중심을 기준으로 방사형으로 수를 곱게 채워 완성한다.

7_ 마지막 단계는 끝이 좁으므로 롱 앤드 쇼트 스티치를 잘 조절해서 중심부터 양쪽 모두 채운다.

8_ 완성된 모습. 비정형적인 형태의 도안은 색상의 단계와 땀의 횟수, 실을 놓는 방향을 고려해서 수를 놓아야 완성도있게 표현된다.

17. 프리 스티치 (Free Stitch)

붓이나 펜으로 그림을 그리듯이 그림의 결을 따라 면을 채우는 스티치입니다. 자연스럽게 그림의 결과 명암을 표현하기에 가장 좋은 방법입니다.

*1_* 도안을 따라 그림의 결을 결정한 후 한쪽부터 차근차근 비슷한 길이의 스트레이트 스티치로 채운다.

*2_* ①의 스티치와 조금씩 겹치면서 그림의 결을 따라 스티치의 방향을 틀어가며 수를 놓는다.

*3_* 색감의 단계를 두어 자연스러운 명암을 표현해도 좋다.

*4_* 완성된 모습.

18. 카우칭 스티치(Couching Stitch)

입체적인 선이나 면을 표현하기 좋은 스티치로, 도안 위에 굵은 선을 올려두고 가는 실을 이용해 일정한 간격으로 고정합니다.

1_ 먼저 2가지 색상의 실과 바늘 2개를 준비하고, 실 하나는 여러 가닥으로 굵게, 하나는 가늘게 준비해 바늘에 꿴다.

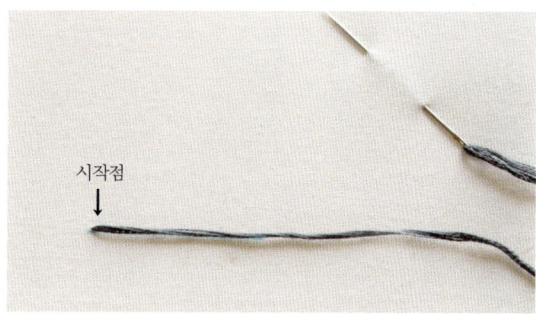

2_ 굵은 실을 시작점으로 빼서 원단 한쪽 끝에 꽂아둔다.

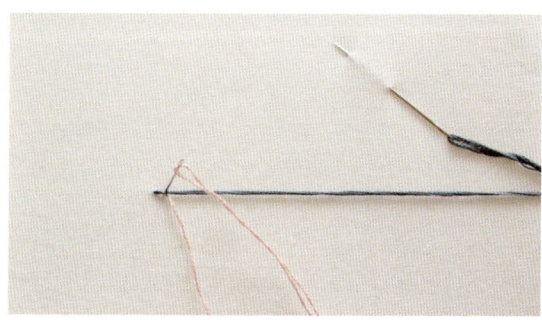

3_ 다른 색상의 가느다란 실을 이용해 굵은 실을 일정한 간격으로 묶어 고정한다.

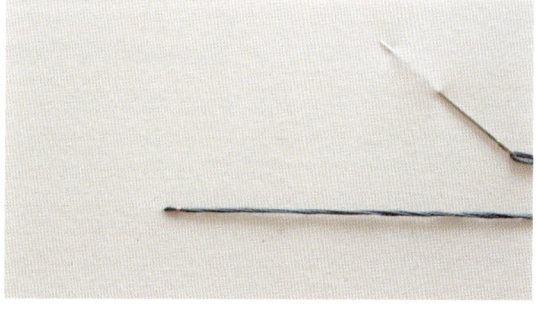

4_ 도안에 맞춰 굵은 실의 위치를 조절하며 가느다란 실로 잡아주면서 스티치를 완성한다.

5_ 완성된 모습. 2가지 색상의 실과 바늘을 원단 뒷면으로 빼서 매듭으로 마무리한다.

19. 케이블 스티치(Cable stitch)

입체적인 매듭을 반복해 굵은 밧줄 모양의 꼬임을 표현하는 스티치로, 개성 있는 글씨나 선을 표현하기 좋습니다.

*1_* 시작점에서 매듭 자리에 한 땀을 뜨고 실을 뺀다.

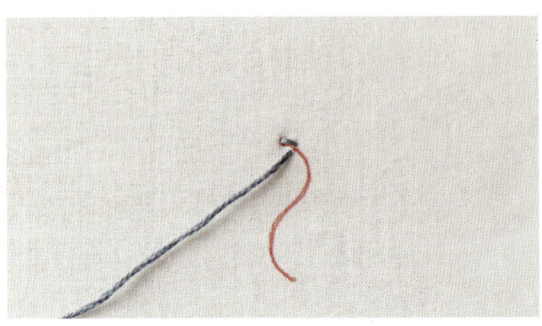

*2_* 사진과 같은 모양의 작은 바늘땀이 생긴다.

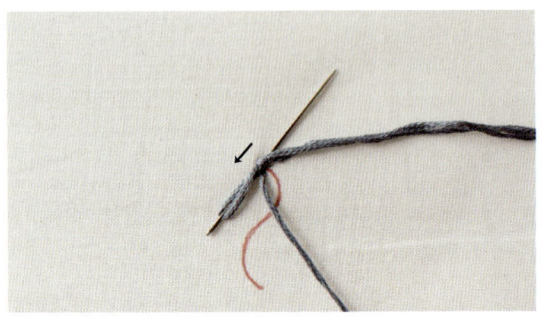

*3_* 바늘을 거꾸로 잡고 사진처럼 땀 사이를 바늘로 통과한다.

*4_* 그 상태에서 고리와 땀 사이로 바늘을 한 번 더 통과시켜 매듭을 만든다.
TIP. 이때 연결된 실이 바늘 아래로 가게 해야 한다.

*5_* 실을 아래로 당겨 빼면 사진과 같은 매듭이 생긴다.

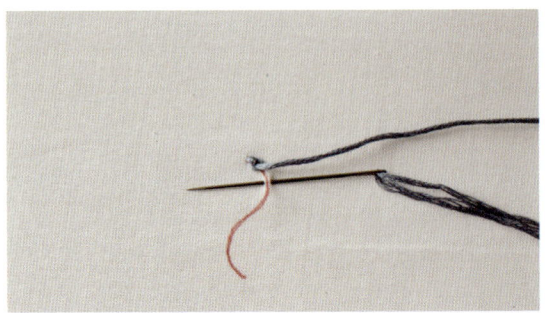

*6_* ①~⑤와 같은 방법으로 다음 매듭의 위치에 연결해서 수를 놓는다.

7_ 위의 바늘땀에 걸어 통과한다.

8_ 통과한 땀과 고리 사이를 통과시켜 매듭을 완성해간다.

9_ 완성된 모습.
TIP. 매듭이 촘촘하면 좀 더 입체적인 수가 된다.

20. 블리온 스티치(Bullion Stitch)

바늘에 실을 여러 번 감아 만드는 스티치로, 도톰하고 작은 선이나 무늬, 꽃 등을 표현하는 데 주로 이용합니다.

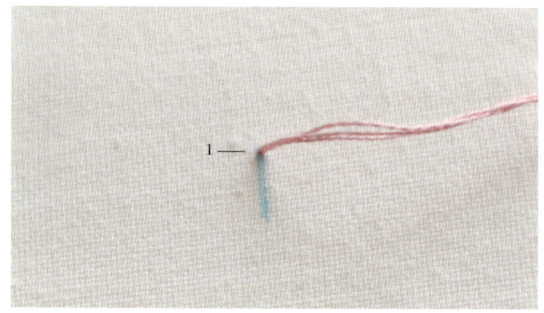

*1_* 원하는 블리온 스티치의 크기를 정하고 스티치의 위쪽 (1)에서 나온다.

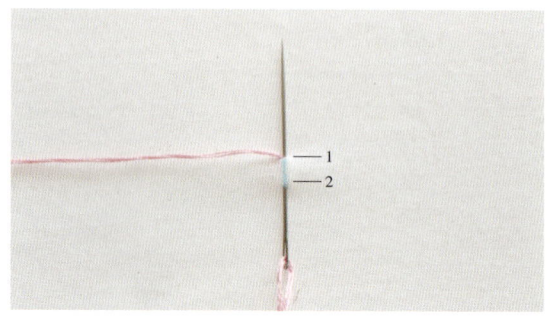

*2_* 스티치 아래쪽(2)으로 들어가 시작점(1)과 아주 가까운 곳에 땀을 떠 실을 감기 좋을 만큼만 바늘을 뺀다.

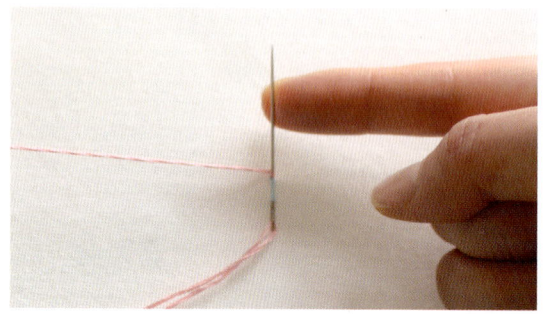

*3_* 바늘을 한쪽 손으로 살짝 들고, 다른 손으로 실을 바늘에 감는다.

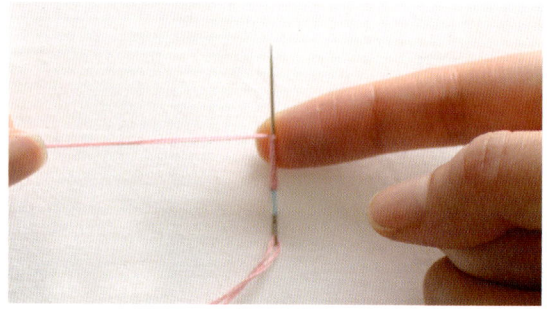

*4_* 스티치의 길이만큼 감는다.

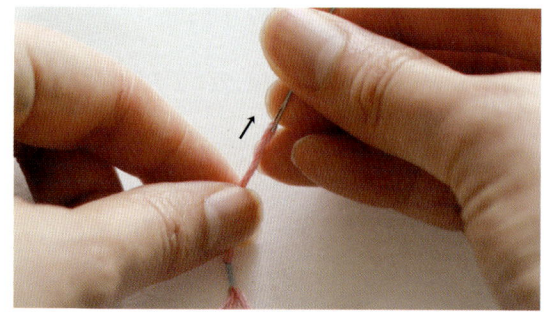

*5_* 적당히 감긴 실을 한쪽 손으로 잡고 다른 손으로 바늘을 조심스럽게 뺀다.
TIP. 이때 바늘이 잘 빠지지 않을 수 있으니 바늘을 살살 돌려가며 조심스럽게 뺀다.

*6_* 실을 뺄 때 감긴 부분을 마지막까지 놓지 말고 실의 끝부분까지 당긴다.

Basic.

7_ 실을 끝까지 잘 빼면 실 끝에 애벌레처럼 통통한 블리온 스티치가 만들어진다.

8_ 마지막에 스티치의 아래쪽(2) 가까이로 들어가 마무리한다.

21. 블리온 로즈 스티치(Bullion Rose Stitch)

블리온 스티치를 여러 개 붙여 장미를 만드는 스티치입니다.

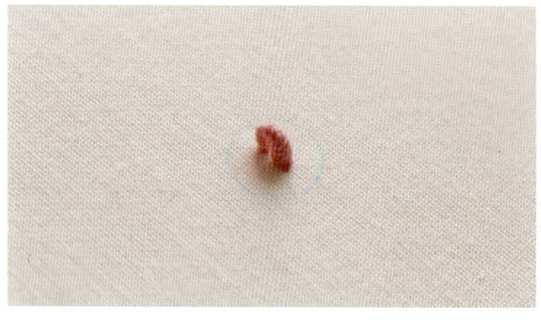

*1_* 원하는 장미 크기로 원을 그리고 중심에 블리온 스티치를 만든다.

*2_* ①의 중심 스티치를 가로질러 바늘을 끼운다.

*3_* 그 상태에서 블리온 스티치를 만들고, ①의 중심 스티치에 잘 붙이면서 바늘을 중심 가까이에 꽂는다.

*4_* ①~③과 같은 방법으로 중심 쪽에 블리온 스티치로 꽃잎을 하나하나 만들어 감싸며 붙인다.

*5_* 풍성하고 입체적인 꽃이 되도록 최대한 중심에 가깝게 바늘을 가로질러 끼워 블리온 스티치를 만든다.

*6_* 블리온 스티치를 둥글게 만들어 중심 스티치들과 조금씩 겹치도록 촘촘하게 감싸가며 꽃을 만든다.

7_ 블리온 스티치 하나하나를 중심에 촘촘하게 붙여 수를 놓으면, 사진처럼 입체감 있는 블리온 로즈 스티치가 완성된다.

22. 캐스트온 스티치(Cast-on Stitch)

바늘에 뜨개코를 만들어 표현하는 스티치로, 블리온 스티치보다 풍성한 꽃잎을 만들기 좋습니다.

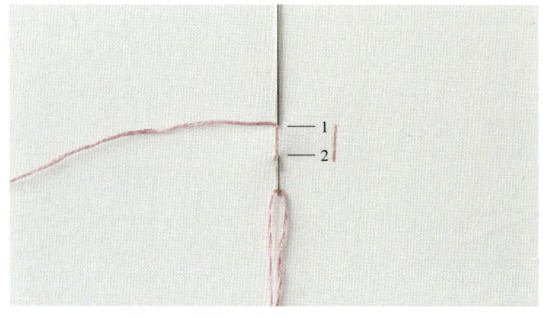

*1_* 블리온 스티치처럼 스티치의 위쪽(1)으로 나온 뒤 아래쪽(2)으로 들어가서 시작점(1)과 아주 가까운 곳에 땀을 떠 실을 감기 좋게 바늘을 뺀다.

*2_* 블리온 스티치처럼 바늘에 그냥 감지 말고 실을 한 번 꼬아 뜨개질처럼 뜨개코를 만들어 바늘에 걸어준다.

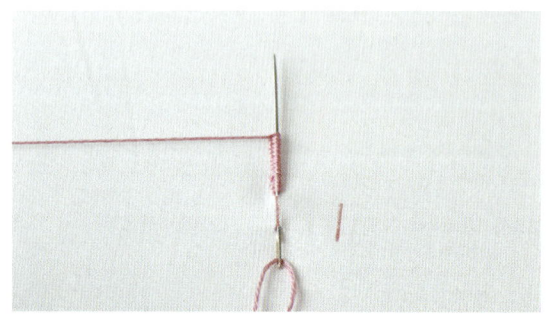

*3_* 스티치의 길이만큼 감는다.

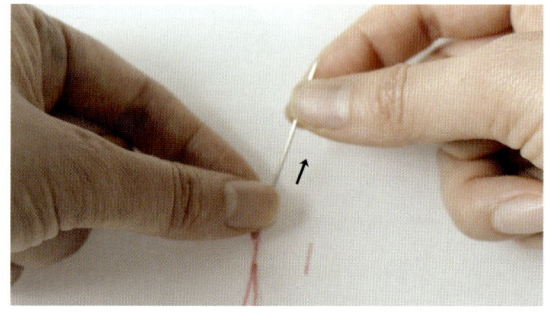

*4_* 적당히 감긴 실을 한쪽 손으로 잡고 다른 손으로 바늘을 조심스럽게 뺀다.

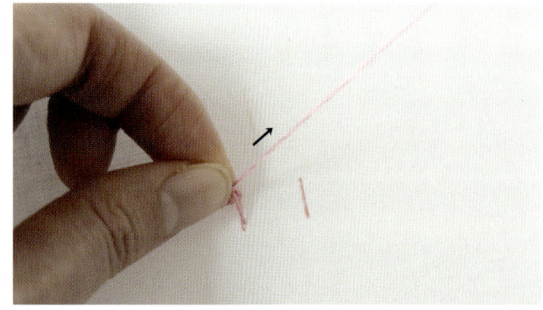

*5_* 실을 뺄 때 감긴 부분을 마지막까지 놓지 말고 실의 끝 부분까지 당겨 뺀다.

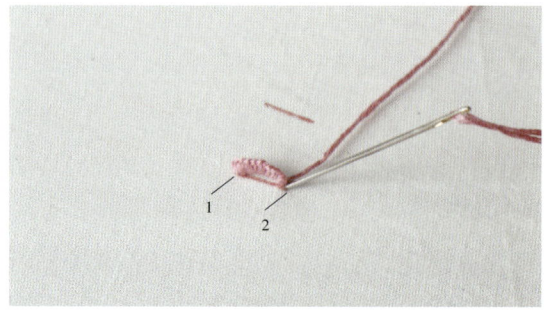

*6_* 마지막에 스티치 아래쪽(2) 가까이로 들어가 마무리한다.

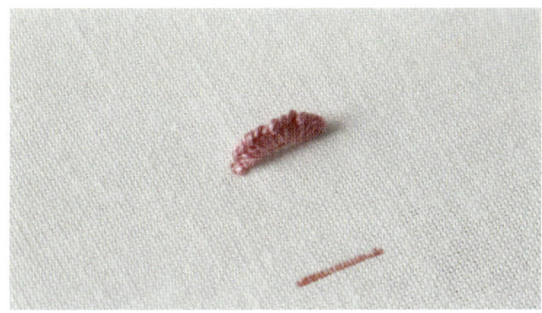

*7*_ 완성된 모습.

◇ **캐스트온 스티치의 넓이를 조절할 때**

바늘의 굵기로 스티치의 넓이를 조절해 좀 더 다양한 크기의 꽃잎을 표현할 수 있습니다.

*1*_ 처음 바늘을 꽂을 때 사진과 같이 바늘을 2개 이상 이용해 넓이를 조절한다.

*2*_ 바늘이 1개일 때와 같은 방법으로 코를 걸어 만든다.

*3*_ 완성된 모습. 바늘 개수에 따라 크기가 달라진다.

23. 캐스트온 로즈 스티치(Cast-on Rose Stitch)

캐스트온 스티치를 여러 개 붙여 장미를 만드는 스티치입니다.

1_ 원하는 장미 크기로 원을 그리고 중심에 캐스트온 스티치를 만든다.

2_ ①의 중심 스티치를 가로질러 바늘을 끼워 두번째 캐스트온 스티치를 만든다.

3_ 완성한 ②의 스티치를 ①의 중심 스티치에 잘 붙여 중심 가까이에 꽂는다.

4_ ①~③과 같은 방법으로 중심에 캐스트온 스티치로 꽃잎을 하나하나 만들어 감싸며 붙인다.

5_ 풍성하고 입체적인 꽃이 되도록 최대한 중심 가까이에 바늘을 가로질러 끼워서 캐스트온 스티치를 만든다.

6_ 바깥 꽃잎은 바늘을 추가해 넓은 잎을 표현하면 조금 더 풍성한 꽃을 만들 수 있다.

7_ 완성된 모습. 캐스트온 스티치 하나하나를 중심에 촘촘하게 붙여 수를 놓으면 사진처럼 입체감 있는 장미가 완성된다.

24. 스미르나 스티치(Smyrna Stitch)

원단 위에 고리를 만들어 입체적인 꽃잎이나 털의 질감을 표현하기 좋은 입체 자수입니다.

*1_* 매듭을 짓지 않고 시작해 원단 앞면(1)으로 들어간 다음 원단 위로 올라온 실을 원하는 고리의 길이만큼 남긴다.

*2_* 첫 번째 실을 기준으로 반 땀 앞(2)으로 나온다.

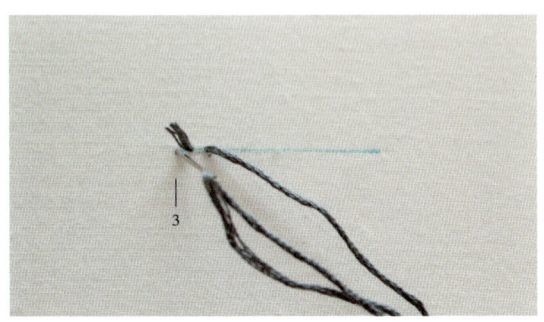

*3_* 한 땀 뒤(3)로 다시 들어가 고리를 고정한다.

*4_* 다시 1로 나온 뒤 한 땀 앞(4)으로 들어가서 다음 고리를 만든다.

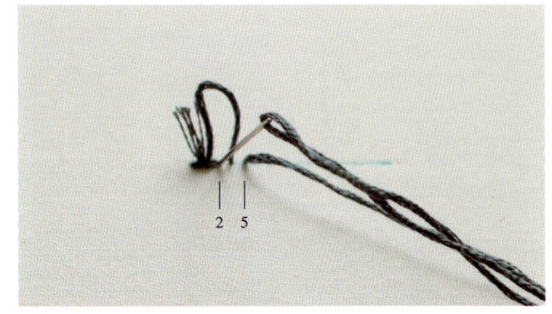

*5_* ①~④와 같은 방법으로 반 땀 앞(5)으로 나온 뒤 한 땀 뒤(2)로 되돌아 들어가 고리를 고정한다.

*6_* 다시 고리와 고리 사이(4)로 나온 뒤 한 땀 앞(6)으로 들어가 다음 고리를 만든다.

7_ ①~⑥을 반복하며 스미르나 스티치를 수놓아 선이나 면을 채우고 도안을 표현해 완성한다. 고리 그대로 꽃이나 선을 표현해도 재미있는 입체 자수가 된다.

8_ 털의 느낌을 표현하고 싶으면 가위로 고리를 자른 뒤 잘 정리한다.

9_ 이 방법의 스미르나 스티치는 고리를 잘라도 실이 빠지지 않고 잘 유지된다.

25. 루프드 블랭킷 스티치(Looped Blanket Stitch)

스미르나 스티치와 비슷하지만 한 방향으로 가지런하고 풍성한 입체 자수의 느낌을 살리기 좋은 스티치입니다. 꽃잎이나 면을 채울 때 좋습니다.

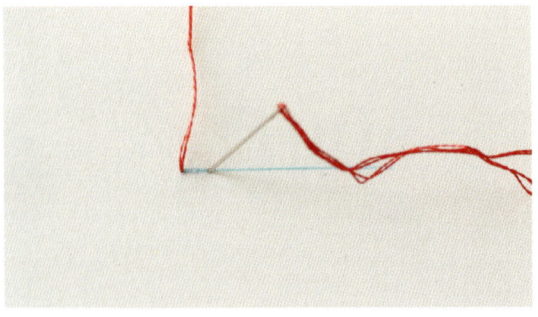

*1_* 시작점에서 실을 뺀 다음 잡아당기지 말고 한 땀 앞으로 조심히 넣는다.

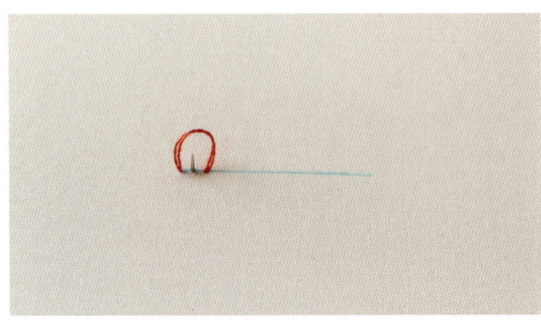

*2_* 원단 위에 꽃잎의 크기만큼 고리를 만든다.

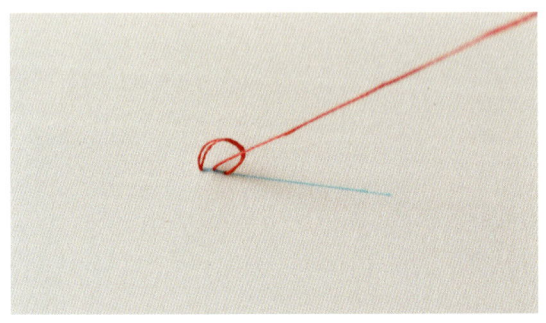

*3_* 반 땀 뒤로 돌아가 ②의 고리 중간 위치에서 나온다.

*4_* 한 땀 앞으로 들어가며 새로운 스티치를 연결한다.

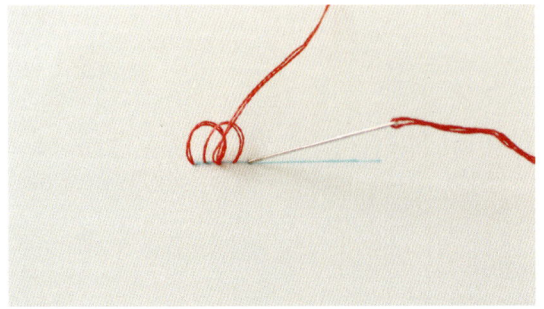

*5_* 다시 반 땀 뒤로 돌아가서 나와 한 땀 앞으로 들어간다.

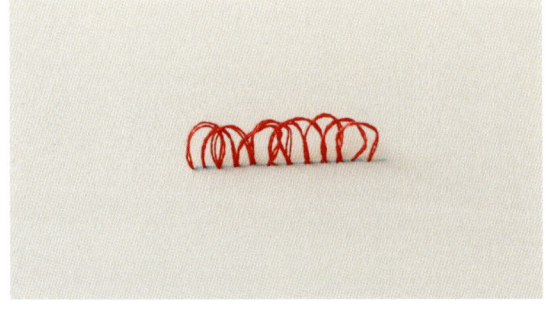

*6_* ①~⑤를 반복해 수를 놓으면 결이 곱고 풍성한 스티치가 된다. 위로 올라온 수의 길이가 일정해야 예뻐 보인다.

26. 카우치트 트렐리스 스티치(Couched Trellis Stitch)

면을 채울 때 좋은 스티치로 격자로 수놓은 실의 교차점을 다른 실로 작게 고정해 표현한다.

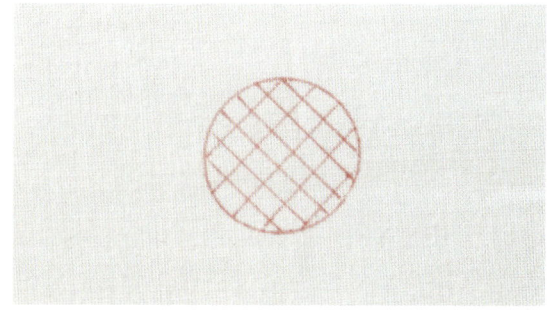

*1_* 도안에 규칙적인 간격으로 격자무늬를 그린다.

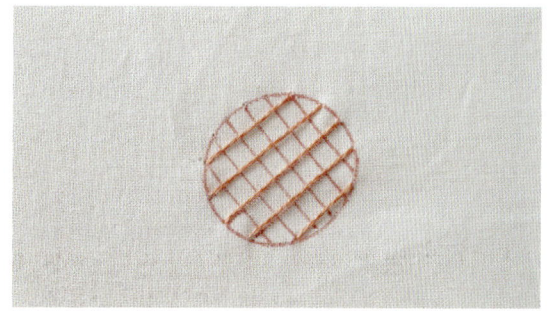

*2_* 도안대로 격자무늬를 스트레이트 스티치로 수놓는다.

*3_* 가로, 세로 모두 완성한다.

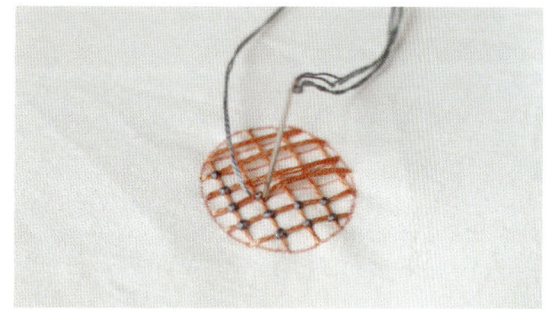

*4_* 실이 교차된 부분을 다른 실로 작게 x모양 또는 -모양으로 고정한다.

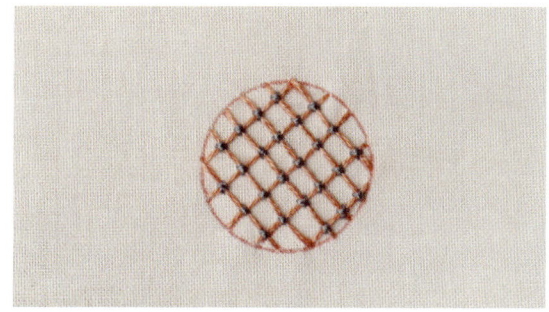

*5_* 완성된 모습. 실의 컬러와 두께를 이용해 다양하게 연출할 수 있다.

27. 스파이더 웹 로즈 스티치(Spider Web Rose stitch)
장미를 만들기 가장 쉬운 방법으로, 거미줄 모양의 기둥 선을 교차로 감싸며 장미를 만드는 스티치입니다.

*1_* 원하는 크기의 원을 그리고 원 중심에서 뻗어나가는 기둥선을 홀수로 그린다. 5개 또는 7개가 적당하다.

*2_* ①에서 표시한 선 위에 각각 스트레이트 스티치를 한 땀씩 놓는다.

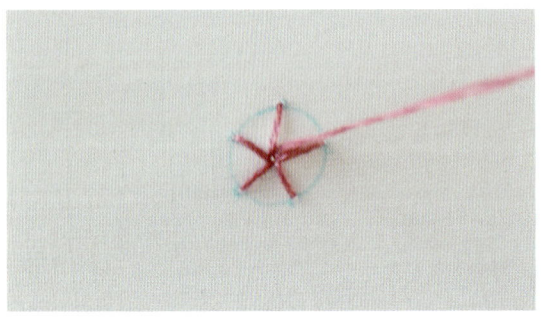

*3_* ②의 스티치 2개 사이로 원의 중심에 거의 붙여서 바늘을 뺀다.

*4_* 바늘을 뺀 시작점 바로 앞 기둥선을 하나 건너 다음 선 아래로 바늘귀를 통과시킨다.

*5_* 그다음 기둥 선도 하나씩 건너뛰어 통과시킨다.

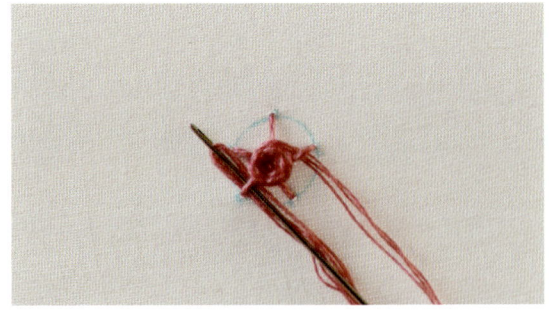

*6_* 반복해서 원의 중심에서부터 하나씩 건너뛰며 통과시키면, 기둥 선이 홀수이기 때문에 감는 선이 교차되면서 소용돌이 모양으로 채워진다.

7_ 적당히 힘 조절을 하며 실을 감아 장미 모양을 완성한다. 너무 살살 감으면 입체감이 없고, 너무 세게 감으면 볼록하기만 하고 모양이 살지 않는다.

8_ ②에서 놓은 스트레이트 스티치가 보이지 않을 때까지 교차로 감아 완성한다.

28. 스파이더 웹 스티치(Spider Web stitch)

스파이더 웹 로즈 스티치를 활용해 면을 채우는 방법입니다.

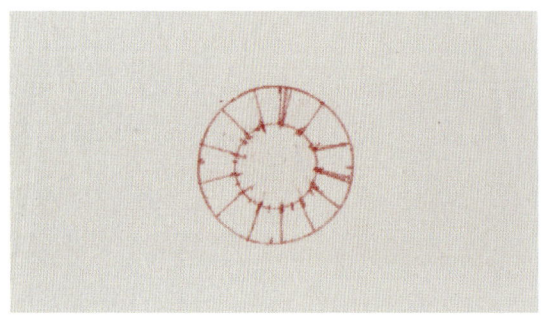

*1_* 도안의 원 안에 기둥을 원하는 만큼 홀수로 그린다.

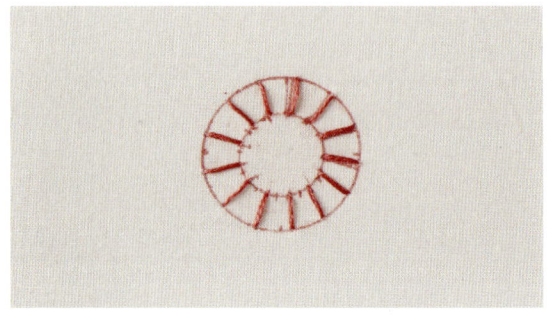

*2_* 기둥을 스트레이트 스티치로 한 땀씩 놓는다.

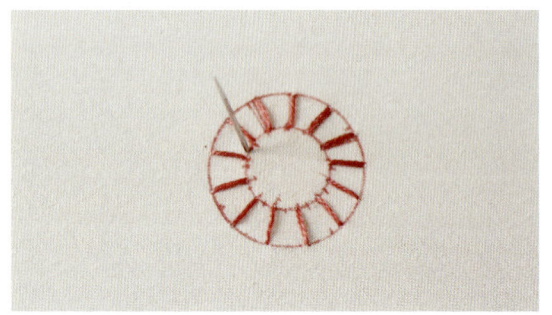

*3_* 중심에 가까운 기둥과 기둥 사이로 나와 시작한다.

*4_* 시작점에서 앞 기둥 선을 하나 건너 다음 선 아래로 바늘귀를 통과시킨다.

*5_* 같은 방법으로 기둥 선이 보이지 않을때까지 감아준다.

*6_* 마지막까지 감아준 바늘은 적당한 지점에서 원단 안쪽으로 넣어 마무리한다.

*7_* 완성된 모습. 둥근 면의 베를 짠 듯한 모양에 이용하면 유용하다.

29. 스템 스티치 로즈(Stem Stitch-Rose)

스템 스티치를 이용해 로즈를 만드는 스티치로, 꽃잎을 느슨하게 수놓아 장미를 좀 더 풍성하고 입체적으로 만드는 스티치입니다.

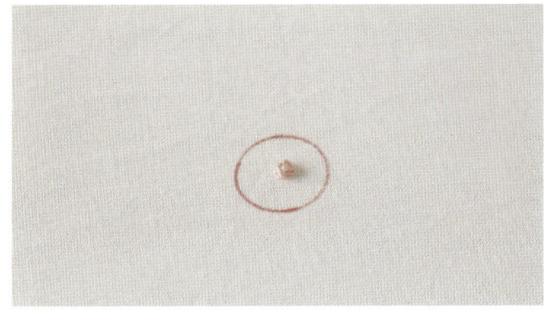

*1_* 장미의 중심에 먼저 프렌치 노트 스티치를 수놓는다.

*2_* ①의 프렌치 노트 스티치와 가까운 어느 한 지점에서 나와 꽃잎의 크기만큼 한 땀 뜬다.

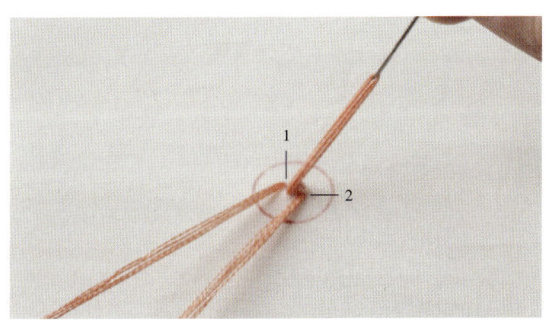

*3_* 한 땀 뜬 실이 다 들어가기 전에 1과 2사이로 나온다.

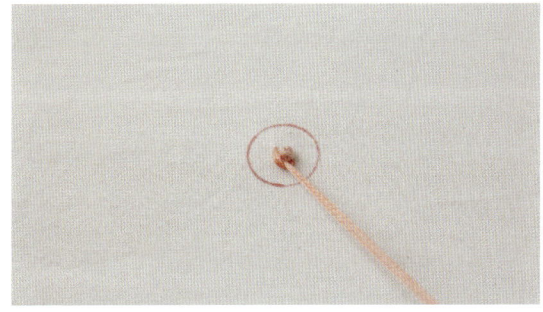

*4_* 첫 번째 꽃잎을 느슨하게 당겨 중심 프렌치 노트에 붙인다.

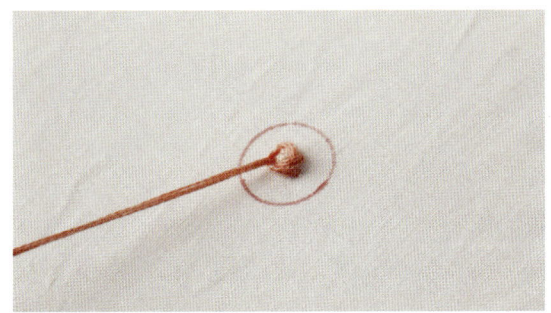

*5_* ②~④와 같은 방법으로 중심에 꽃잎을 돌려가며 붙여간다.

*6_* 꽃잎의 길이를 조금씩 늘려가면서 장미를 만든다.

7_ 도안의 크기대로 장미가 완성되면 적당한 위치에서 자연스럽게 바늘을 원단 뒤로 빼 완성한다.

8_ 완성된 모습.

30. 드리즐 스티치(Drizzle Stitch)
작은 기둥이 서 있는 모양의 스티치로 입체 자수 중 하나입니다.

*1_* 시작점에서 실을 뺀다.

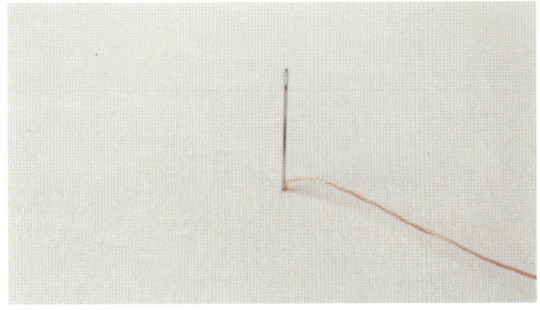

*2_* 바늘에서 실을 뺀 후 시작점 가까이에 바늘을 다시 꽂아 세운다.

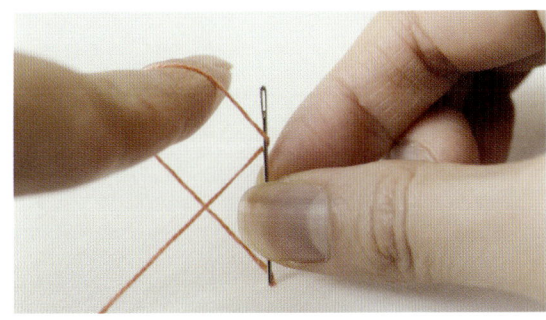

*3_* 그 상태에서 실을 캐스트온 스티치처럼 꼬아 바늘에 코를 건다.

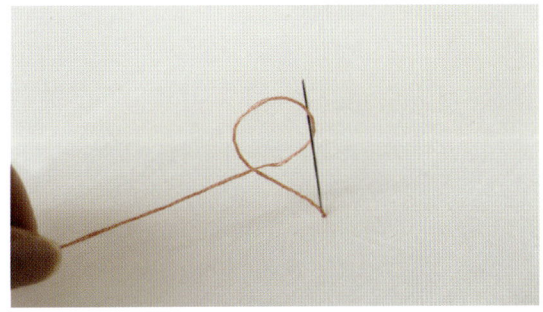

*4_* 사진과 같은 모양으로 건다.

*5_* 원하는 길이만큼 코를 만든다.

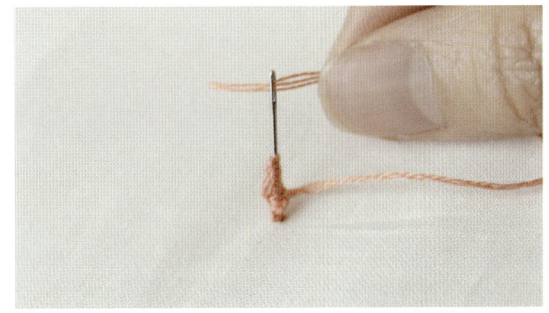

*6_* 연결된 실을 다시 바늘에 꿴다.

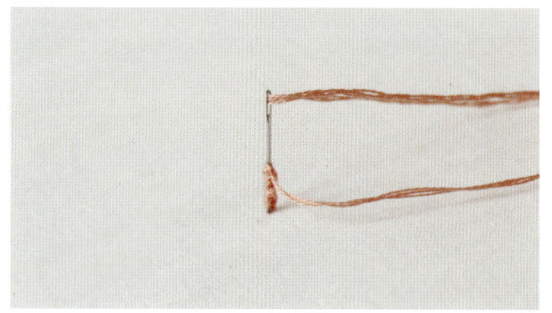

*7_* 실을 꿴 바늘을 원단 아래로 뺀다.

*8_* 완성된 모습. 사진처럼 스티치가 원단 위에 입체적으로 서 있다.

31. 바스켓 스티치(Basket Stitch)
걸쳐진 실을 아래위로 통과하며 바구니를 짜듯이 수놓아 도안의 면을 채우는 스티치입니다.

*1_* 도안의 세로 기둥을 원하는 만큼 스트레이트 스티치로 수놓는다.

*2_* 도안 위 시작점으로 나온다.

3_ 세로 기둥을 위아래로 교차하며 엮어 가로선을 수놓는다.

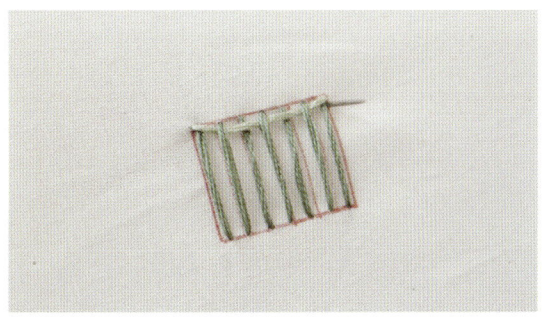

4_ 끝에서 원단 아래로 바늘을 꽂아 첫줄을 마무리하고, 바로 아래에서 바늘을 뺀다.

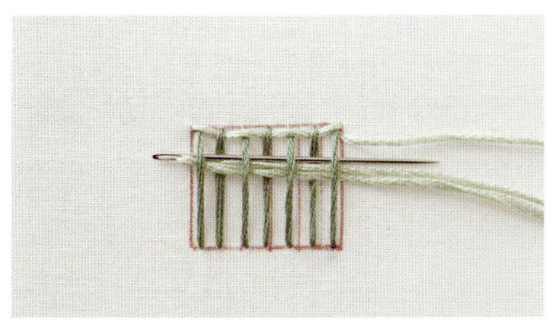

5_ 두 번째 줄도 세로줄을 교차하며 엮어 가로줄을 수놓는다.

6_ ②~⑤와 같은 방법으로 면을 끝까지 채운 후 끝 원단 아래로 빼고 마무리한다.

7_ 완성된 모습. 바구니를 짠 듯한 스티치가 완성된다.

32. 우븐 피코 스티치(Woven Picot Stitch)

'레이즈드 리프'라고도 하며, 꽃잎이나 잎사귀 등을 입체적으로 표현하기 좋습니다.

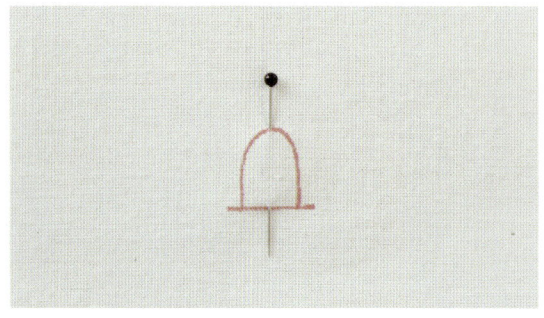

1_ 원하는 크기의 도안을 그리고, 잎의 중심에 사진과 같이 시침핀을 꽂는다.

2_ 1에서 시작해서 시침핀에 걸어 2로 들어간다.

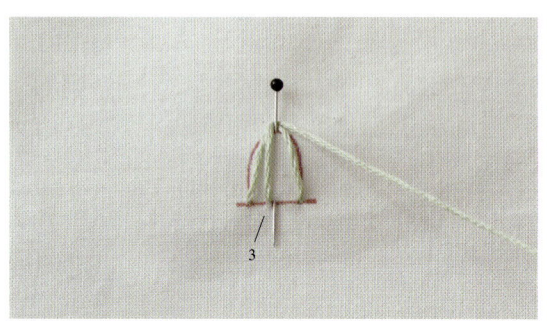

3_ 3으로 나온 뒤 다시 시침핀에 걸어 기둥을 3개 만든다.

4_ 잎의 위에서부터 기둥을 아래, 위, 아래로 교차하며 엮는다.

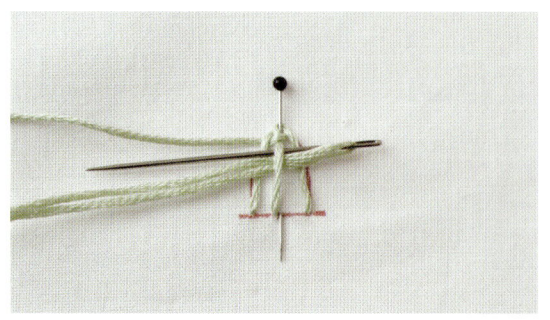

5_ 첫 줄을 완성한 후 두번째 줄은 첫 줄과 교차되도록 순서를 바꿔 위, 아래, 위 순서로 엮는다.

6_ ④~⑤와 같은 방법으로 잎의 끝까지 엮어 채운다.

7_ 꽃잎이 다 채워지면 중심 기둥 아래로 바늘을 빼 마무리한다.

8_ 완성 후 시침핀을 뺀다.

9_ 완성된 모습. 사진과 같이 잎이 입체적으로 표현된다.

33. 실론 스티치 (Ceylon Stitch)

뜨개의 질감을 표현하기 좋은 면 채우기 입체 스티치입니다. 코의 모양이 세로로 규칙적으로 연결돼 뜨개의 질감처럼 표현됩니다.

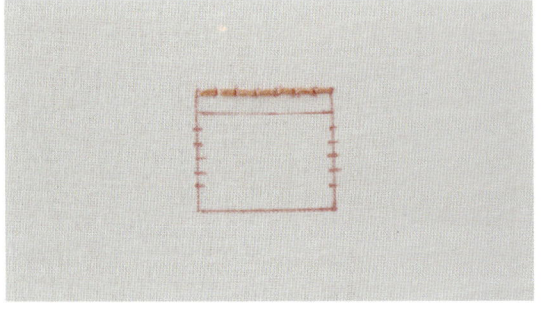

*1_* 도안 위쪽에 일정한 간격의 백 스티치로 기본코를 만든다.

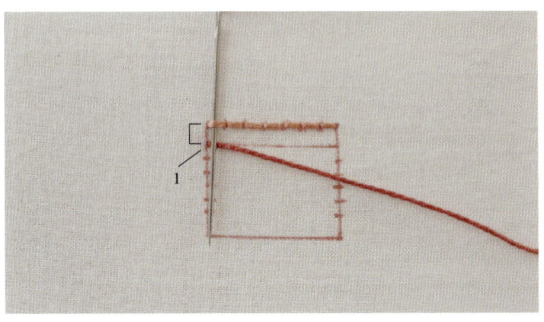

*2_* 한 코의 크기만큼 간격을 띄워 첫 칸 아래 1로 나와 위쪽 첫 백 스티치 첫 땀에 사진과 같이 실을 걸어 시작한다.

*3_* 백 스티치 각각의 땀에 걸어 한 줄을 완성한다.

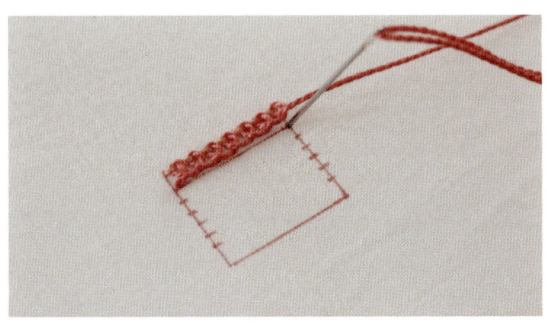

*4_* 완성된 첫 줄 끝선에 한 코의 크기만큼 간격을 맞춰 원단 아래로 들어가 첫 줄을 완성한다.

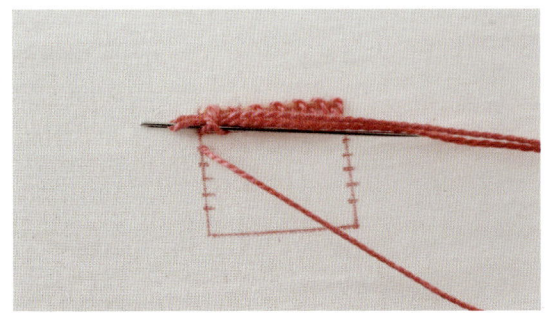

*5_* 두번째 줄도 코의 크기만큼 띄워 첫 줄의 x자를 사진과 같이 함께 잡아 두번째 줄을 시작한다.

*6_* 각각의 x자 코를 잘 찾아 마지막 코까지 완성한 뒤 원단 아래로 들어가 두번째 줄도 완성한다.

7_ ⑤~⑥과 같은 방법으로 면을 채운다.

8_ 끝을 원단에 붙여 마무리하고 싶으면 사진처럼 작은 스티치로 고정한다.

9_ 완성된 모습. 실의 두께를 조절해 다양한 질감을 표현할 수 있다.

34. 디태치드 버튼홀 스티치(Detached Buttonhole Stitch)

뜨개처럼 코를 엮어 면을 채우는 스티치로, 안쪽에 솜이나 펠트 등을 넣어 입체적으로 표현할 수 있는 가장 기본적인 입체 기법 스티치입니다.

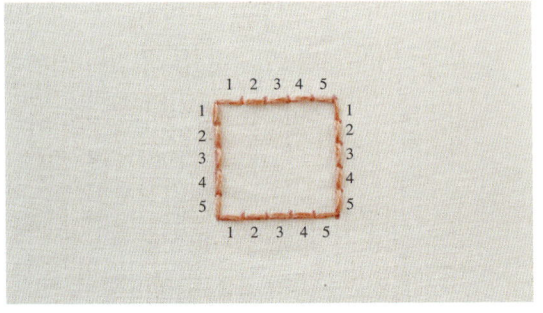

1_ 도안의 테두리에 백 스티치로 기본수를 놓는데, 윗면과 아랫면의 땀의 개수와 크기를 맞추고, 좌측면과 우측면의 땀의 개수와 크기를 맞춰 백 스티치를 한다.

2_ 사진과 같이 왼쪽 세로줄(스티치 1과 스티치 2 사이)로 나와 시작한다.

3_ 사진처럼 윗면 스티치 한 땀에 위에서 아래로 걸어 코를 만든다.

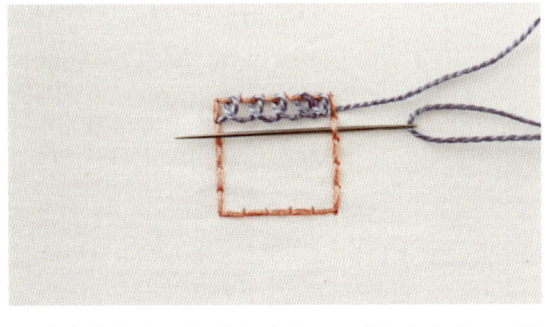

4_ 사진처럼 첫 줄을 같은 방법으로 마무리한 뒤 오른쪽 세로줄 첫 칸으로 나가 두번째 칸으로 들어간다.

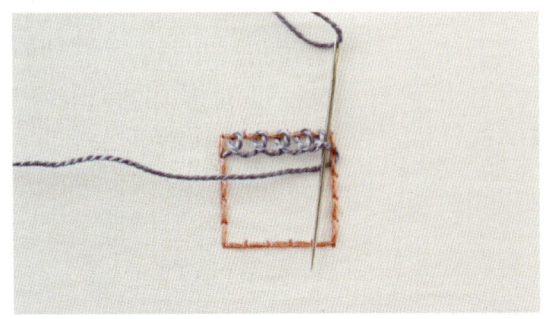

5_ 바로 오른쪽에서 왼쪽으로 ③과 같은 방법으로 두번째 줄을 완성한다.

6_ 두번째 줄을 완성한 뒤 왼쪽 두번째 칸 안에서 밖으로 나간다.

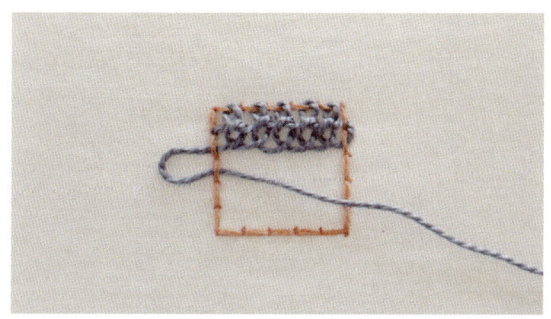

*7_* 왼쪽 세 번째 칸 밖에서 안으로 들어간다.

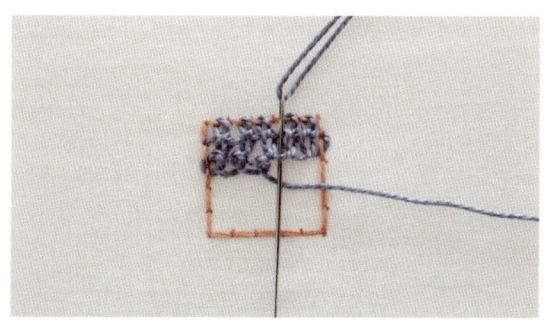

*8_* 세 번째 줄도 왼쪽에서 오른쪽으로 완성한다.

*9_* 같은 방법을 반복해서 나머지 줄을 완성하며 면을 채운다.

*10_* 마지막 줄 단계에서 솜이나 펠트 등의 충전물을 넣고, 마지막 줄은 위 칸 코와 하단 백 스티치 땀을 함께 걸어 버튼홀 스티치를 한다.

*11_* 마지막 줄을 사진과 같은 방법으로 완성한다.

*12_* 마지막 코 끝으로 바늘을 빼 마무리한다.

*13_* 완성된 모습. 면을 채우거나 입체적으로 표현할 때, 뜨개 모양으로 표현하기 좋다.

35. 코디드 디태치드 버튼홀 스티치(Corded Detached Buttonhole Stitch)

디태치드 버튼홀 스티치보다 좀 더 단계가 추가된 스티치로 촘촘하고 단단하게 표현됩니다.

◇ **정형적인 형태**(사각)

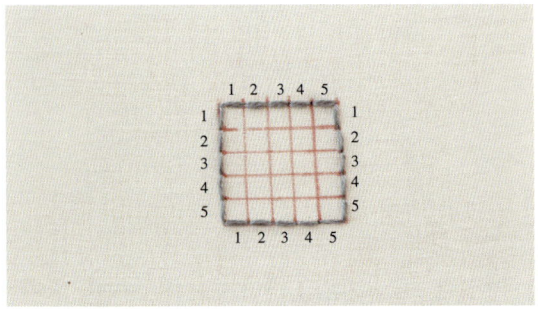

*1_* 도안의 테두리에 백 스티치로 기본수를 놓는데, 윗면과 아랫면의 땀의 개수와 크기를 맞추고, 좌측면과 우측면의 땀의 개수와 크기를 맞춰 백 스티치를 한다.

*2_* 사진과 같이 왼쪽 세로줄(스티치 1과 스티치 2 사이)로 나와 시작한다.

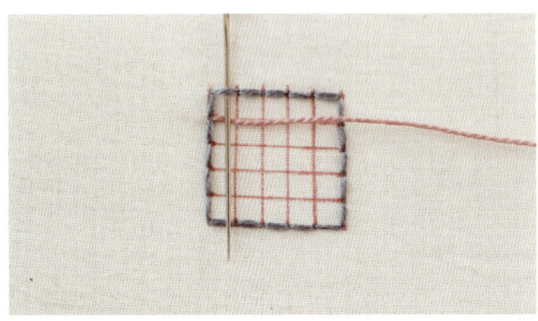

*3_* 사진처럼 윗면 스티치 한 땀에 위에서 아래로 걸어 코를 만든다.

*4_* 사진처럼 첫 줄을 같은 방법으로 마무리한다.

*5_* 첫 줄이 끝나면 사진처럼 오른쪽 세로선 안쪽에서 바깥으로 실을 뺀다.

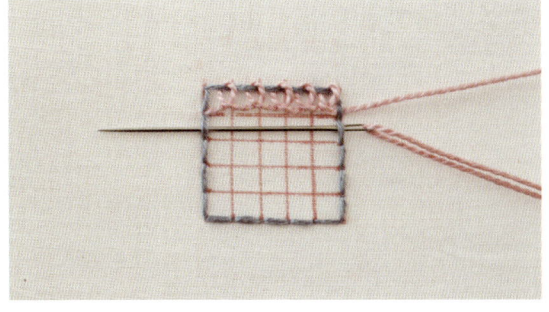

*6_* 뺀 실을 아래 땀 밖에서 안으로 넣고 두번째 줄을 가로질러 앞으로 가서 한 줄을 추가한다.

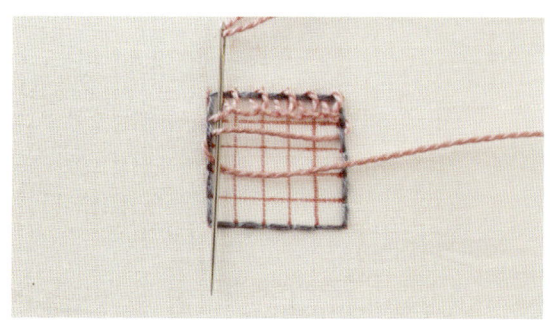

7_ 두번째 칸은 윗단 코와 추가된 실을 함께 건다.

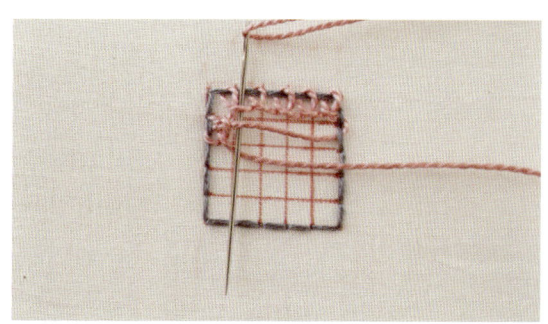

8_ 사진처럼 코를 걸어 두번째 줄을 완성해가면 된다.

9_ 마지막 코가 완성되면 오른쪽 세로선 두 번째 칸으로 나간다.

10_ 세 번째 칸 밖에서 안으로 들어가 줄을 추가한다.

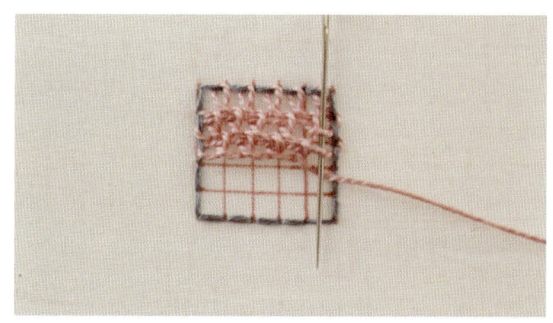

11_ ⑥~⑨와 같은 방법으로 면을 채운다.

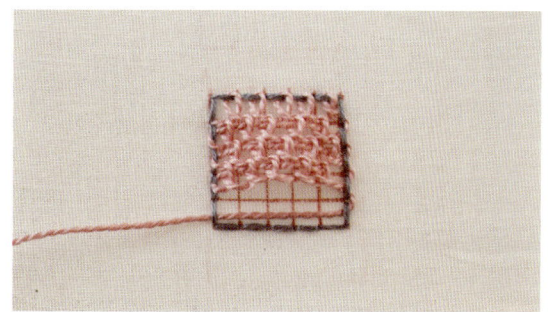

12_ 마지막 단계까지 완성한 모습.

*13*_ 마지막 단계를 마무리하기전에 충전물(솜이나 펠트)을 넣는다.

*14*_ 마지막 단계의 첫 코와 추가된 중간 실, 아랫단 백 스티치까지 사진처럼 동시에 함께 꿰서 구멍을 막는다.

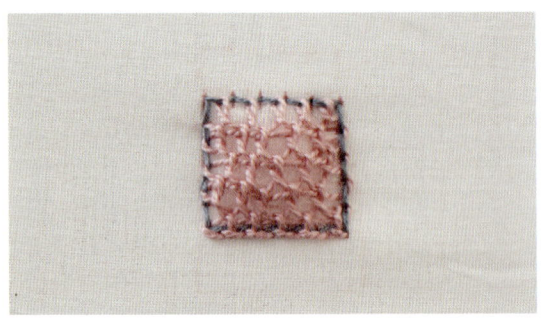

*15*_ 완성된 모습. 실의 굵기와 충전 정도에 따라 입체적인 효과가 다양하게 나타난다.

◇ **비정형적인 형태(원형)**

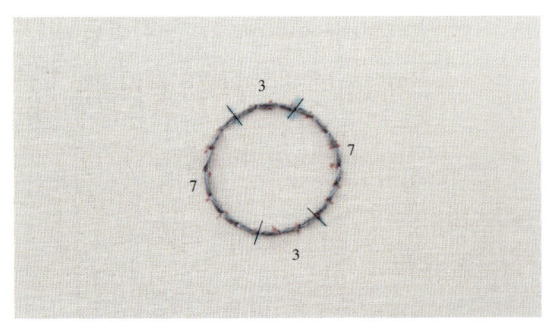

*1*_ 도안의 테두리에 백 스티치로 기본수를 놓는데, 비정형적인 형태에서는 가능하면 좌우 대칭이 맞도록 땀의 개수를 맞추는 게 좋다. 백 스티치를 한 후 청화펜으로 위 코, 아래 코의 범위를 정해둔다. 예시는 위아래 3개씩, 좌우는 7개씩 정했다.

*2*_ 사진과 같이 위 코시작점 땀과 땀 사이로 나와 시작한다.

3_ 사진과 같이 윗면 스티치 한 땀에 위에서 아래로 걸어 코를 만든다.

4_ 윗면 스티치 3개 모두 ③과 같은 방법으로 코를 만든다.

5_ 첫 줄이 끝나면 사진처럼 마지막 코 안쪽에서 바깥으로 실을 뺀다.

6_ 뺀 실을 옆 땀 밖에서 안으로 넣고 두번째 줄을 가로질러 앞으로 가서 1줄을 추가한다.

7_ 두번째 칸은 윗단 코와 추가된 실을 함께 건다. 단, 비정형적인 형태에서 첫 단보다 아랫단이 늘어나는 경우에는 첫코와 마지막 코까지 걸어 코를 늘린다. 첫 단은 3개의 코로 시작하고, 두 번째 단은 첫코와 마지막 코를 늘려 5코가 되었다.

8_ 사진처럼 코를 걸어 두번째 줄을 완성해가면 된다.

9_ 마지막 코가 완성되면 마지막 코 안에서 밖으로 빼 두 번째 칸으로 나간다.

10_ ⑦~⑨와 같은 방법으로 원의 중심까지 코를 자연스럽게 늘리다가 중심이 지나면 첫 코와 마지막 코를 건너뛰어 코를 줄인다.

11_ 차근차근 코를 늘렸다가 줄이면서 면을 채워나간다.

12_ 마지막 단계를 마무리하기 전에 충전물을 넣는다.

13_ 마지막 단계의 첫코와 추가된 중간 실, 아랫단 백 스티치까지 동시에 함께 꿰서 구멍을 막아 마무리한다.

14_ 완성된 모습. 실의 굵기와 충전 정도에 따라 입체적인 효과가 다양하게 나타난다.

36. 래핑 비즈 스티치(Wrapping Beads Stitch)

열매 등을 표현할 때 유용한 스티치로 나무 구슬이나 비즈를 감싸 표현하는 방법입니다.

*1_* 나무 구슬에 사진처럼 실을 여유 있게 끼우고 실을 꿴 바늘을 통과시킨다.

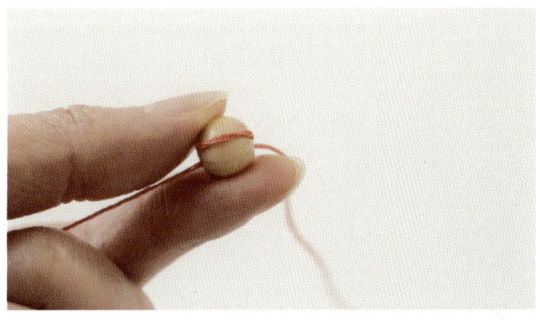

*2_* 사진처럼 실을 당겨가며 나무 구슬에 감는다.

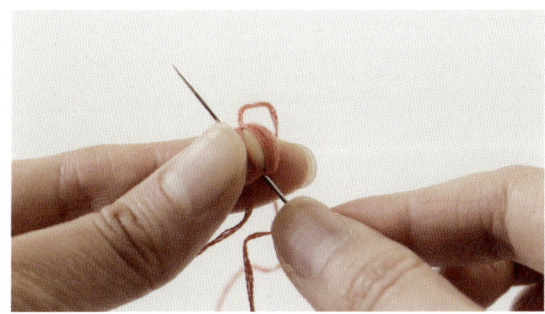

*3_* 한 방향으로 구슬의 빈틈이 보이지 않을 때까지 감는다.

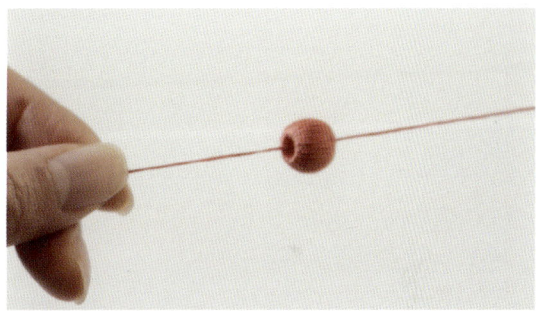

*4_* 촘촘하게 감은 모습.

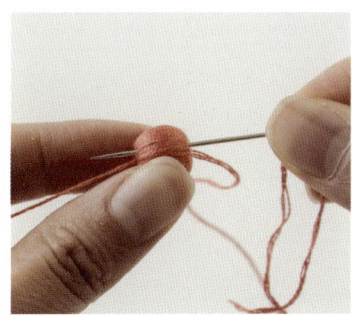

*5_* 바늘을 이용해 위쪽 실을 모두 아래쪽으로 뺀다.

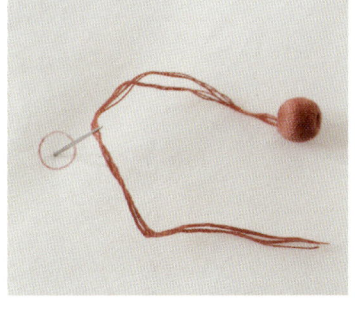

*6_* 아래로 향한 실을 한 번에 바늘에 꿰서 원단의 정확한 위치에 고정시킨다.

*7_* 완성된 모습. 씨앗이나 열매를 표현할 때 유용하다.

37. 비디드백 스티치(Beaded Back stitch)

비즈로 백 스티치하듯 되돌아가 수놓아 단단하게 고정하며, 선이나 면을 채우는 스티치법입니다.

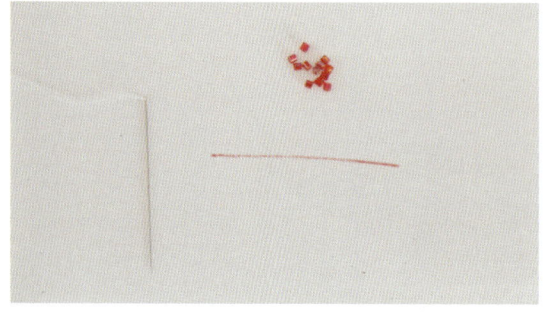

*1_* 비즈스티치는 비즈 바늘을 사용해야 한다.

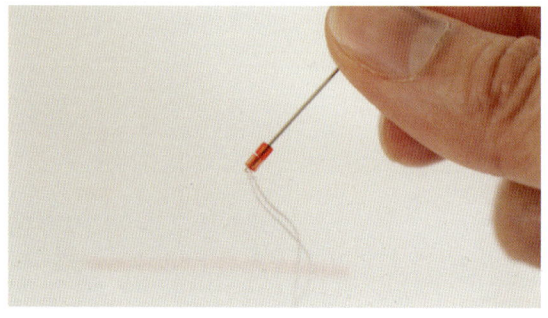

*2_* 시작점에서 실을 뺀 바늘을 빼고 비즈를 2~3개 정도 끼 워운다.

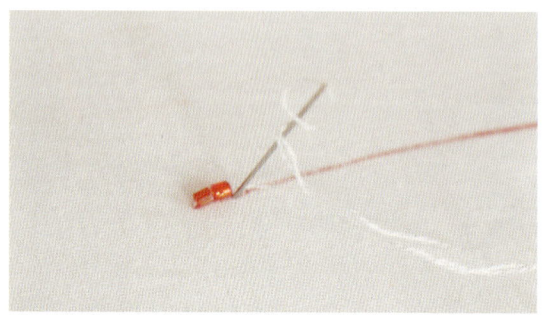

*3_* 비즈의 길이만큼 앞으로 수를 놓아 비즈를 고정한다.

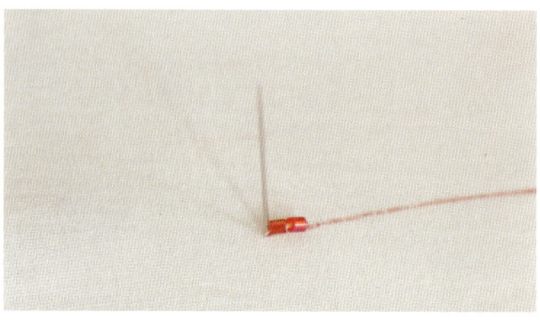

*4_* 다시 시작점으로 돌아가서 나와 ③의 1차 고정된 비즈를 통과한다.

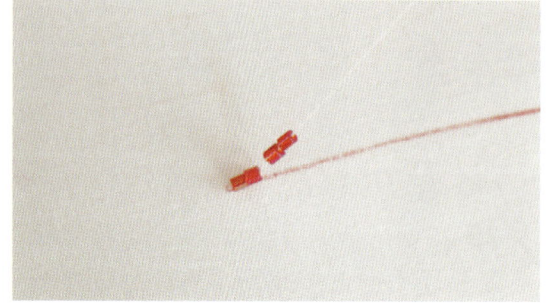

*5_* 통과한 후 비즈를 다시 2~3개 정도 끼웁니다.

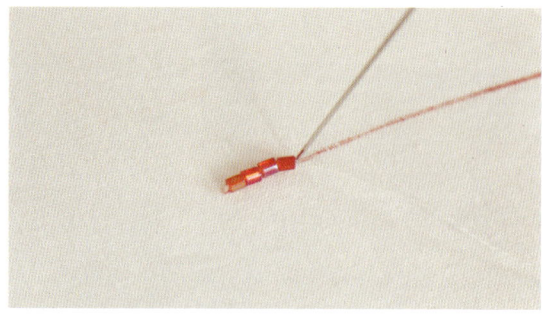

*6_* 추가된 비즈의 길이만큼 앞으로 수놓아 비즈를 고정한다.

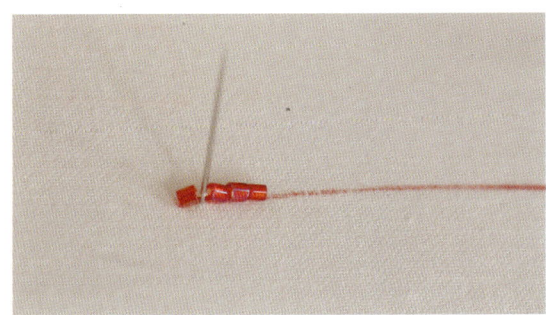

7_ 앞의 방법으로 ③의 비즈사이로 돌아가 나온다.

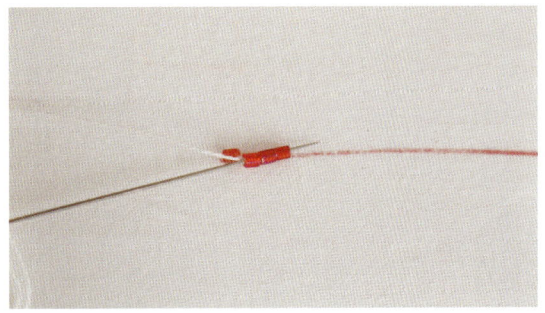

8_ ③의 마지막 비즈와 ⑥의 비즈들을 함께 통과해 고정해준다.

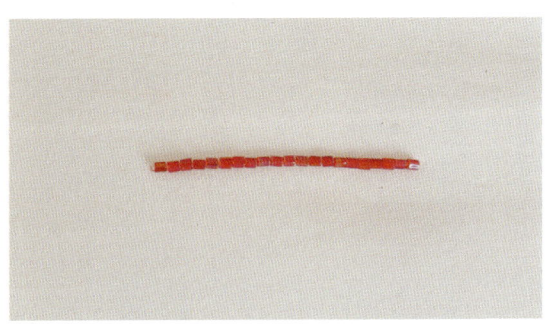

9_ 완성. 위와 같은 방법을 반복해 도안대로 선이나 면을 채워 완성한다.

자수의 매듭 처리법

손수건처럼 뒤가 보이는 작품은 자수의 뒷면 매듭 처리를 깔끔하게 하는 것이 좋습니다.

◇ **선 스티치 매듭 처리법**

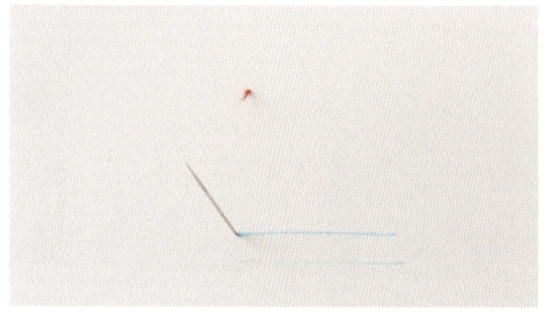

*1*_ 선 스티치를 시작하기 전에 구슬 매듭을 지은 실을 시작점에서 어느 정도 떨어진 곳에 넣은 다음, 시작점으로 바늘을 빼서 원하는 선 스티치를 시작한다.

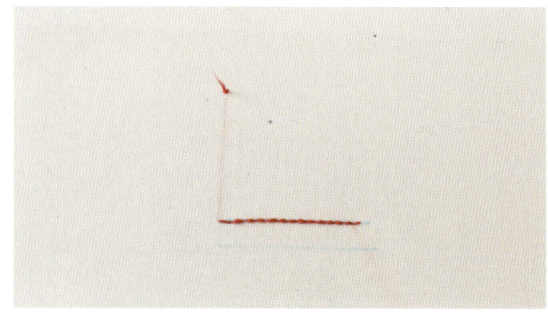

*2*_ 원하는 선 스티치를 마무리한다.

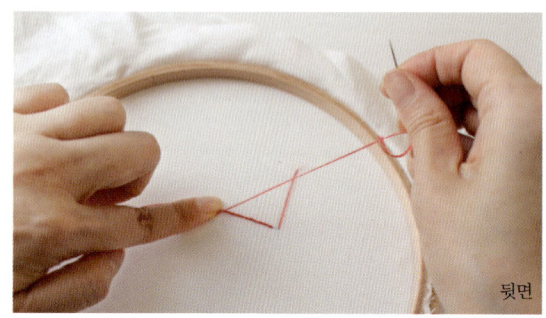

*3*_ 뒷면에서 실이 원단에 붙도록 손가락으로 누르며 구슬 매듭 처리를 한다.

*4*_ 뒷면 스티치 사이로 바늘을 통과시켜 실을 적당히 숨긴다.

*5*_ 스티치 속으로 감춘 실까지 짧게 잘라 한쪽 매듭을 정리한다.

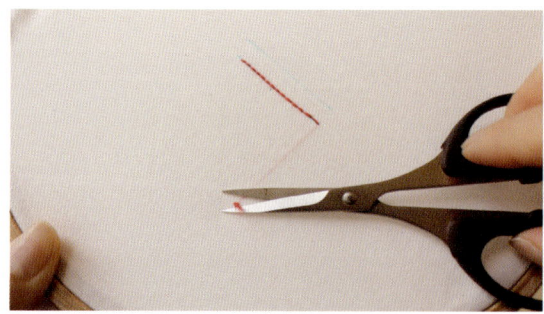

*6*_ ①의 매듭을 자르고 실을 뺀다.

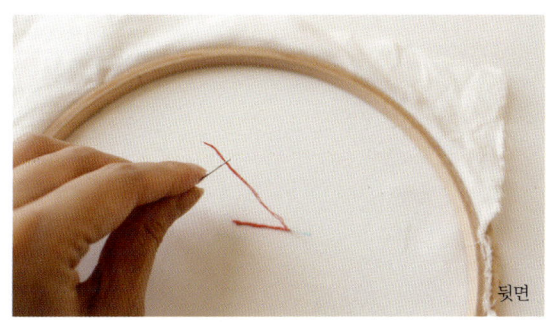 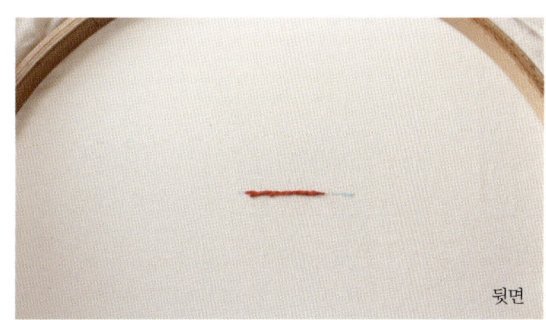

7_ 시작점의 실을 다시 바늘에 끼운다.

8_ 처음 매듭도 끝의 매듭과 같은 방법으로 구슬 매듭 처리를 한 뒤, 뒷면 스티치 사이로 실을 통과시켜 숨기고 짧게 잘라 마무리한다.

◇ 면 스티치 매듭 처리법

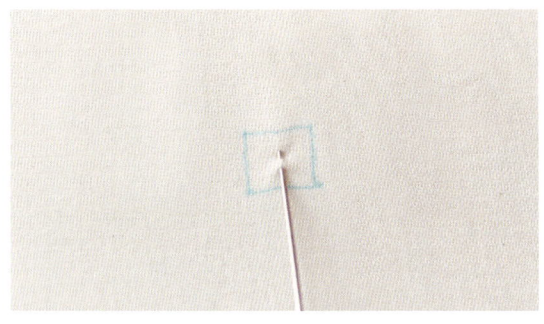

*1*_ 스티치 안쪽에 구슬 매듭 없이 한두 번 반복해서 실을 뜬다.

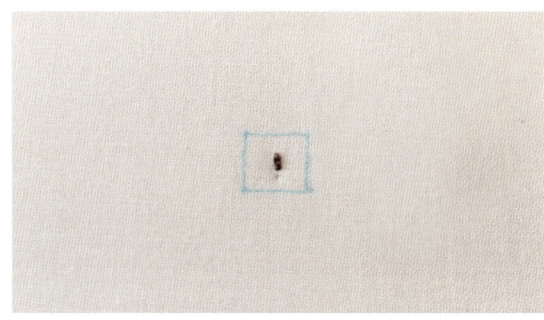

*2*_ 몇 번 뜨고 나면 당겨도 실이 풀리지 않는다.

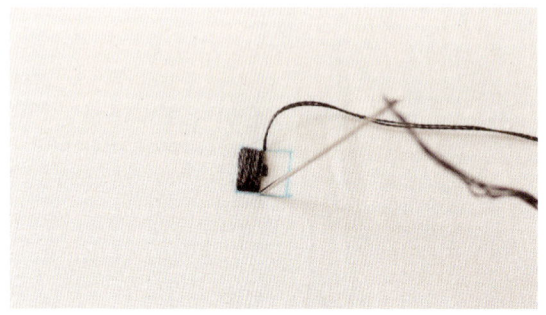

*3*_ ②에서 만든 매듭 위로 원하는 모양의 수를 채운다.

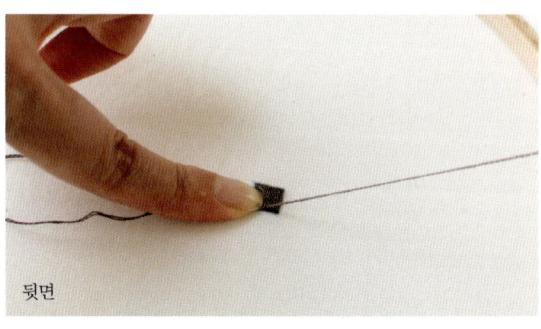

*4*_ 마지막 수를 완성한 뒤 뒷면에서 실을 원단에 붙도록 손가락으로 누르며 구슬 매듭 처리를 한다.

*5*_ 뒷면 스티치 속으로 바늘을 넣어 실을 숨긴다.

*6*_ 숨긴 실까지 짧게 잘라 면 스티치 뒷면 매듭을 깔끔하게 정리한다.